KB218420

가지 마, 제발! 코카서스

박민우 여행에세이

차례

기대하지 마, 막 쓸 거니까

<1만 시간 동안의 남미>가 세상에 나왔을 땐, 빠니보틀, 곽튜브 저리 가라였다. 「EBS 세계 테마 기행」만 일곱 번 출연했다. 매번 준수한 시청률로 제작진을 기쁘게 했다. 방송 출연 제의가 너무 잦아서 거절하느라 바빴다. 그때 나는 세상의 관심이 불편했다. 책이나 백만 부 팔아서 평생 놀고먹기를 바랐다. 책은 굶어 죽지 않을 정도로 팔렸고, 체감 인기는 높아서 연예인병에 걸려야 하나 말아야 하나 도통 헷갈렸다. <1만 시간 동안의 아시아>가 나를 재벌로 만들어 주겠지. <1만 시간 동안의 남미>를 읽은 사람들은 하나같이 최고의 여행기라고들 했으니, 두 번째 책에서 대박내면 된다. 웬걸? <1만 시간 동안의 아시아>는 <1만 시간 동안의 남미> 반의반도 안 팔렸다. 급기야 <지금이니까 인도, 지금이라서 훈자>는 3천 부라는 초라한 성적을 거두게 되는데, 얼마를 벌었냐면, 총 540만 원을 벌었다. 책 정가 18,000원의 10%가 인세다. 그 인세에 삼천을 곱하면 540만 원이 나온다. 여행하고, 책 쓰는데만 1년 이상을 썼다. 그 경비는? 시간은? 본전도 못 뽑는 걸 직업이라고 해도 되나?

막 써볼까?

눈치 보고 써도 최저 생계비도 못 번다면, 마음대로 써보는 것도 논리적인 반항이라 생각한다. 마지막 책이라 생각하고, 한계 없이 자유로워지고자 한다. 막 써보겠다는 얘기다. 이 책의 관전 포인트는, 노쇠한 여행작가를 놀라게 할 것이 과연 코카서스에 있느냐다. 어떤 전율이 만에 하나 나를 강타한다면, 그 전율은 치 사량에 가까운 마약이고, 환희일 것이다. 그렇다고 독자 양반, 기대하지는 마시길. 다 귀찮으니까.

코카서스 여행기지만, 경기도 용인에서 이 이야기는 시작된다.

용인 고기리에서 나는 잘렸다

– 작가님과 함께 일해 보고 싶습니다.

코카서스 여행을 한 달 보름 정도 앞두고 메일이 왔다. 용인 고기리에서 대형 카페를 하는 대표는, 작가의 참신한 문장을 원했다. 매달 일정 비용을 내면, 원두커피와 소식지를 받아볼 수 있는 구독 서비스를 시작해보고 싶다 했다. 소식지의 문구를 나에게 맡기겠다는 것이다. 이 정도 일에, 위대한 작가님을 스카우트하다니. 남다른 안목이시다. 크게 되실 분이야.

– 구독 서비스 프로젝트는 당분간 보류하는 걸로 하죠. 죄송하게 됐습니다.

일을 시작한 지 딱 한 달째였다. 대표의 표정이 심각했다. 첫달 400만 원, 여행 중에도 150만 원을 매달 주기로 했다. 보류가 종료를 의미하는 건가? 무슨 사정이냐고 그 자리에서 물었어야지. 질척대는 것처럼 보이기 싫었다, 알겠다고 고개를 끄덕였으나, 하나도 아는 게 없었다. 쿨하게 짐 싸서 나오는 게 가장 아름답다. 미련을 못 버리겠다. 첫 달 400만 원은 무사히 받았다. 매달 150만 원은? 그 돈으로 코카서스에서 호의호식할 생각이었다. 말로만 듣던 해고인 건가? 이 위대한 작가님께서 용인 구석까지 출퇴근하며, 구독자 꼬드길 문장을 연구했더니, 이렇게 허무하게 끝? 마지막으로 한 번만 더 확인해 보자. 퇴근 시간은 오후 6시. 현재 시간은 오전 11시 30분. 퇴근하겠다고 하면, 대표는 당황해 야 한다.

– 똑똑똑.

– 네, 들어오세요.

– 구독 서비스를 보류하신다니 할 일이 없어져서요. 그만 가보 려고요.

– 그러시게요? 네, 잘 알겠습니다. 여행 잘 마치시고요.

해고가 맞았다. 어디 몸이라도 안 좋으세요? 이렇게 물어야 할 대표가 기다렸다는 듯이 여행 잘 마치란다. 앞으로는 얼씬도 말 라는 거겠지? 확실하게 자를 것이지, 왜 빙빙 돌려서 사람 헷갈리 게 하시나? 자본주의에서 탈락한 자는 어떻게 걸어야 할까? 내 뒷모습이 걱정이다. 아버지는 벼룩시장에 동그라미를 여러 개 치 시더니, 돼지 창자 씻는 곳에 취직하셨다. 쉰이 내일모레인 아들은 용돈은커녕, 생활비도 안 내고 벌레처럼 밥만 축내며 산다. 첫 달 400만 원을 챙긴 게 어딘가? 덕분에 치과에서 썩은 이를 도려 냈다. 하늘을 나는 드론 카메라도 장만했다. 회사 점심은 늘 맛있 었고, 회식으로 먹었던 소 등심은 썩은 이로도 한없이 부드러웠 다. 누군가가 자꾸 나를 벼랑 끝에서 민다. 죽지 않으려고 발가락 에 힘을 준다.

어차피 떨어져야 한다면, 다른 벼랑을 원한다.

아제르바이잔 바쿠로 간다.

날고 싶다, 살고 싶다

나는 공항이 싫다. 내 여권을 항공사 직원이 빤히 볼 땐, 오줌이 찔끔 나오려 한다.

- 예약자 이름과 여권 이름이 달라요.
- 왜, 돌아가는 항공권이 없죠?
- 무게가 4kg 초과네요.
- 짐에서 가위가 나왔어요.

그들은 늘 시비를 건다. 이번엔 무사히 비행기를 탈 수 있을까? 꿈은 작을 대로 작아져서, 제발 태워만 주세요. 빌고 싶어진다.

공항은 싫지만 비행기는 좋다. 내가 통과되고, 짐이 통과됐다. 지루한 대기 시간마저 안락하다. 바퀴가 굉음을 울리며 굴러가고, 공중으로 부웅. 눈을 감는다. 주먹을 꽉 쥔다.

설마 추락하는 건 아니겠지?

살고 싶은 것이다, 행복해지고 싶은 것이다.

난기류, 섹스 혹은 푸아그라

무릎 위의 기내식은 손도 대지 말아야 한다. 속은 뒤집혔어야 맞다. 그런데 괜찮다. 눕지 않아서, 눕지 못해서다. '역류'를 하지 못해서다. 먹었던 음식을 제대로 가두지 못해서 위액이 식도로 올라오는 병이 역류성 식도염이다. 나는 만성 역류성 식도염 환자다. 일등석에서 활짝 누워 왔다면, '역류'는 식도와 명치를 활활 태웠을 것이다. 나는 가난해서, 구원받았다. 굶는 것. 그게 최선이다. 이번 기내식은 건너뛸까? 아예 안 받고 싶지만, 기내식을 안 받는 법을 모른다. 됐어요. 손을 들고 사양하는 걸 해본 적이 없다. 이번만큼은 그래 보려고 했다. 입이 안 떨어지고, 기계적으로 두 손이 들린다. 기내식 상자를 공손히 받는다. 불가항력이다. 안 되는 건 안 되는 것이다. 열지만 않으면 된다. 받았다는 것이 '먹는다'를 의미하지 않는다. 종이상자를 열지 않으면 된다. 열어 본다고 먹는 걸 의미하는 건 아니다. 열어나 보자. 빵 두 개에 요플레가 있다. 요플레인가? 확인차 들어본다. 무게감이 있다. 요플레가 아닌가? 그럼 뭐지? 열어봐야 해결될 궁금증이다. 뚜껑을 벗긴다. 갈색의 고형물이다. 플라스틱 나이프로 살살 긁어본다. 버터의 질감이다. 혀끝에 약간만 대본다. 짭짤하다.

푸아그라네.

기내식으로 비싼 거위 간일 리는 없고, 닭의 간으로 만든 푸아
그라겠네. 먹을 만한 진흙. 프랑스 사람들이 환장하는 푸아그라
는, 내겐 진흙이다. 부드럽고 짭짤한 진흙. 호텔 뷔페에서 처음 먹
어 봤다. 그냥 그랬다. 그딴 걸 먹겠다고 거위의 식도로 먹이를 밀
어 넣는 잔인한 인간들이라니. 근본 없는 프랑스 놈들의 찌푸려
지는 쾌락이다. 닭의 간일 뿐이지만, 기내식으로 푸아그라라니.
이 싸구려 항공사는 왜 쓸데없는 걸로 나를 놀라게 하는 걸까?
마침 난기류로 내 몸의 균형이 깨졌다. 혼란을 틈타서 나이프로
듬뿍 푸아그라를 떴다. 빵에 발랐다. 입에 넣었다. 마침 복도를 사
이에 두고 남녀가 손을 꼭 잡는다. 옆자리를 배정받지 못한 딱한
연인이다. 죽을지도 모른다. 그래도 사랑이 곁에 있다. 기내식이
복도로 쏟아질 정도로 무참히 흔들린다면? 죽음이 더 확실해지
면 키스를 하겠지. 사랑을 나누겠지. 흑사병으로 유럽 인구 3분의
1이 사라질 때, 병자는 산 채로 매장됐다. 매장되기 전 남녀는 격
렬하게 몸을 섞었다고 한다. 마지막 순간, 그들에겐 섹스였다. 내
가 그 자리에 있었다면? 푸아그라를 손으로 찍어 먹었을 것이다.
나는 다음 단계의 인간이다. 종족 번식의 본능을 벗어난 식탐의
인간. 엄연한 진화다. 연인의 꼭 잡은 두 손에서 나는 식욕을 느낀

다. 비행기가 끊임없이 흔들린다. 나는 이 기내식을 먹겠다. 끝내겠다. 혹시 이 비행기가 바다 한가운데로 내리꽂힐 경우, 승자는 나다. 끝까지 밀어 넣었고, 아플 때까지 먹었다. 단, 이 비행기가 무사하다면 '역류'의 형벌이 기다릴 것이다. 아제르바이잔의 첫 날밤은 지옥이 될 것이다. 난기류의 닭 푸아그라가 호텔 푸아그라보다 훨씬 더 치명적이다.

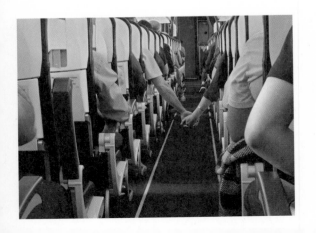

내가 아제르바이잔 바쿠로 기어들어온 이유

「EBS 세계 테마 기행」 조지아 편을 우연히 본 날이었다. 출연자들이 얼마나 버벅대나 보려고 했던 건데, 풍경이 대단했다. 산들이 잘난 거 알면서, 묻고 또 묻는 성격파탄자의 모습으로 그곳에 있었다. 천하의 박민우가 숨까지 죽이면서 봤다는 사실이 영 언짢았다. 사람들이 조지아, 조지아 하는 이유가 저건가? 오랜만의 두근거림이었다.

조지아, 아제르바이잔, 아르메니아. 이렇게 세 나라를 코카서스 3국이라고 한다. 러시아를 지나쳐 튀르키예에 다다르기 전에 이 세 나라가 있다. 백인을 코카서스 인종이라고도 하는데, 학계에선 구닥다리 분류법이라며 인정하지 않는다. 18세기 독일 괴팅겐 대학교 역사학자들이 이 지역을 백인의 뿌리라 주장했다는 건 어쨌거나 흥미롭다. 나는 조지아만 관심 있다. 그런데 아제르바이잔으로 기어들어온 이유는 서사를 위해서다. 발단, 전개, 위기, 절정, 결말. 국어 시간에 배웠던 극의 모범적 구성을 따르겠다는 얘기다. 바로 절정이면 누가 눈물, 콧물 질질 짜겠나? 절정에 도달하기 전에 밑밥이 필요하다. 실망스럽거나, 사건 사고가 끊이지 않는 곳에서 지겨워하다가, 짠, 경이로운 조지아 풍경과 마주해야 심금을 울리고, "책 좋다. 글 좋다." 찬사를 들을 수 있다. 나는 한국 사람이라 1등만 관심 있다. 아제르바이잔이란 나라에서 시간 낭비하는 게 아깝다. 대충 투덜대고, 서둘러 떠나겠다. 아르메니아는 안 갈 생각이다. 조지아가 실망스러우면 그때 고려해 보겠지만, 조지아가 실망스러울 리 없다. 조지아가 실망스럽다면, 아르메니아는 더, 더 별로일 텐데 굳이 왜? 아르메니아는 다음 생에서나 다녀오겠다. 한 나라라도 더 보려고 했던 예전의 내가 아니다. 선택과 집중, 적게 보고, 깊이 해석하겠다.

아제르바이잔의 바쿠가 생각보다 좋으면? 그래도 달라지는 건 없다. 조지아는 더욱더 좋을 것이고, 2등 나라에서는 하루라도 빨리 벗어나는 게 답이다.

친절한 바쿠씨

   유니폼을 입은 남자가 나를 안내한다. 여권을 자판기처럼 생긴 기계에 대고, 나의 소중한 26달러를 넣는다. 종이 쪼가리가 나온다. 나풀나풀 영수증을 유니폼 남자는 도착 비자라고 했다. 14개 나라만 주는 특혜다. 바쿠, 이름만으로 속단하자면 알라딘알라딘 할 것 같고, 페르시아 양탄자스러울 것 같다. 비자 발급 기계가 내 속단에 균열을 일으킨다. 실리콘벨리에나 어울릴 법한 신문물이다. 공항버스는 자동차 전시장의 신형 모델처럼 번쩍인다. 버스 카드가 있어야 해요. 버스기사는 현금을 내려는 나를 제지한다. 그걸 어디서 구하나? 막막했는데, 버스 기사가 길 건너 자판기를 손가락으로 가리킨다. 바쿠는 자판기 도시인가 보군. 자판기로 간다. 자판기 앞 남자와 눈이 마주친다. 남자가 묻는다.

   - 얼마나 충전할 거요?
   - 공항버스가 얼마예요?
   - 1.4마나트요.

스마트폰 환율 계산기를 두드려 본다. 1.4마나트면 천 원이다.

5마나트만 충전하겠다고 답한다. 내 돈을 받아서 기계에 넣는다. 자판기 도우미인가 봐. 카드 한 장이 나온다. 천 원짜리 버스는 한국의 만 원짜리 공항버스만큼이나 좋다. 비닐까지 안 뜯은 새것이다. 공장에서 갓 출시된 에어컨 바람이 폐를 스친다. 버스가 움직이자, 본능적으로 고개를 돌린다. 공항 지붕이 거대한 만타 가오리처럼 나풀나풀, 펄럭임이라는 어려운 주제로 공항을 완성했다. 이보다 예쁜 공항이 떠오르지 않는다.

유니폼 남자는 웰컴 투 아제르바이잔이라고 했다. 내 돈이긴 하지만 손수 기계에 넣어주고, 종이 비자를 뽑아 줬다. 버스 카드도 마찬가지. 아제르바이잔도 한때 러시아였다. 러시아와 아제르바이잔은 이렇게나 다른 나라가 됐다. 시베리아 항공을 타고 왔는데, 인천공항에서 8만 5천 원을 뜯어 갔다. 기내로 들어가는 짐 말고는 무조건 다 유료라고 했다. 20년 차 여행 작가 박민우가 저가 항공을 모르겠는가? 저가 항공은 기내식도, 담요도 돈 내야 준다. 무게가 좀 나간다 싶으면 수하물비도 따로 내야 하며, 보통은 가까운 거리를 운항한다. 시베리아 항공은 기내식을 주고, 러시아를 관통해 아제르바이잔까지 날아가는 장거리 비행이다. 그

런데 저가 항공인 척 짐값을 내놓으란다. 손님을 기내식으로 방심하게 해놓고, 수하물비로 뒤통수를 치는 양아치 회사였던 것이다. 러시아의 이르쿠츠크, 노보시비르스크, 두 곳에서 비행기를 갈아타야 했는데, 이르쿠츠크 공항에서 하마터면 비행기를 놓칠 뻔했다. 국내선, 국제선 공항이 따로 있다는 걸 아무도 알려주지 않았다. 영어로 된 안내문 하나 안 보였다. 러시아 글자 천지인 공항에서, 나는 경찰에게 노보시비르스크행 비행기를 어디에서 타야 하느냐 물었고, 경찰은 벌레 보듯 나를 쌩깠다. 미친개처럼 아무나 붙잡고, 노보시비르스크? 노보시비르스크? 했더니, 한 남자가

— 런(RUN).

천둥 발성으로 나를 놀라게 했다. 어디로 런을 해야 하나요? 내 마음을 읽었는지, 손가락으로 바깥을 가리켰다. 왜? 왜? 내적 질문을 삼키고, 일단 공항을 빠져나왔다. 저 멀리, 건물 하나가 또 있다. 국제선, 국내선 공항이 따로였던 거구나. 시베리아 얼음 바람을 맞아가며 폐가 찢어져라 뛰어야 했다. 바쿠 공항으로 단체 견학 좀 와라, 러시아 개자식들아!

친절하고 예의 바른 바쿠 공항 직원들에게 경의를 표한다.

아제르바이잔에서 시간 낭비하지마

도로는 재벌집 애마처럼 매끈하고, 건물들은 석회암 재질의 황금빛이다. 별 볼 일 없는 상가 건물조차 관리되고 있다는 인상을 받았다. 나야말로 주연감이다. 조연 주제에 감히 콧소리 알랑방귀를 뀌고 있다. 바쿠야, 깝치지 말자. 주연은 조지아고, 너는 조연이야. 넘볼 자리를 넘봐야지. 아제르바이잔이 조지아보다 좋았다면 내 귀에까지 들렸겠지. 기대가 너무 없었더니 이런 부작용이 또 생기네. 생각보다 멀쩡하긴 하다. 인정할게. 너도 참 운이 없다. 20년 전의 나였다면, 짐 싸 들고 왔을 텐데. 제2의 고향 어쩌고 주접떨며, 물고 빨았을 텐데…. 어쩌냐? 20년 동안 너무 좋은 걸 많이 봐 버렸다. 게다가 나는 조지아가 훨씬 좋다는 걸 이미 알고 있거든.

버스에서 내린다. 심호흡하고, 기합도 넣는다. 여행자에겐 가장 피곤한 시간. 꺼져, 이 새끼들아. 정면만 보고 눈을 부라릴 거야. 표정 연기는 타고나는 거라, 비법 전수는 사양하겠다. 뭐야? 왜 아무도 안 달려들어? 어리바리 여행자에게 공친 하루를 몽땅 뒤집어씌울 택시 기사가 왜 단 한 명도 안 보이는 거냐고? 이러면

또 서운하지. 바쿠 기사님들 다들 먹고 살 만한가 봐? 바쿠, 찌든 구석이 없다. 택시 기사가 여행자를 외면하는 건 선진국에서나 있는 일이다. 아무런 배경 지식 없이 바쿠를 봤다면, 유럽의 안 유명한 도시겠거니 했을 거다. 유럽의 이슬람 인구가 14%나 된다. 유럽은 이제 기독교 국가이자, 이슬람교 국가다. 어디서든 케밥을 팔고, 모스크에서 예배를 올린다. 아제르바이잔은 대부분 이슬람교를 믿는 나라지만, 종교의 자유를 완벽히 보장하는 나라다. 여자들이 히잡을 전혀 하지 않은 바쿠가 오히려 더 유럽 같다.

유심칩(USIM)부터 바꾼다. 핸드폰 가게는 어느 나라나 제일목 좋은 곳에 있다. 손짓발짓, 번역 어플까지 동원해서 현지 번호와 데이터를 구매한다. 데이터 5기가에 20마나트, 1만 4천 원, 한 달 통신비가 1만 4천 원인 나라니까 이미 좋은 나라다. 돈 많은 사람이면 로밍 서비스를 쓰면 된다. 나처럼 가난한 여행자는 원래의 유심칩을 꺼내고, 현지 유심칩으로 갈아 끼운다. 손톱 크기라 잃어버리기 쉬우니, 원래의 유심칩을 잘 보관해 둬야 한다. 데이터가 있는 천하무적 여행자가 되어 구글맵을 켠다. 예약한 프리덤 호스텔까지는 걸어서 10분. 기가 막힌 동선이다. 20년 차 여행자의 노련함으로, 후기까지 괜찮은 중심가 숙소를 찾아냈다. 굳이 택시나 다른 교통수단을 추가로 이용하지 않아도 되는 숙소를 아무나 찾냐고? 잘생긴 아시아 남자를 처음 보는 바쿠 사람들이 술렁술렁, 정신을 못 차린다. 힐끗 보지 말고 대놓고들 보세요. 관심받고 싶어 여행하는 관심종자랍니다. 이슬람교를 믿지만, 여자들도 히잡(이슬람 전통 복장으로, 스카프로 머리, 귀, 목을 가리는 형태)을 하지 않았다.

프리덤 게스트하우스는 거실이 세 개, 영화 '미녀와 야수'의 무도회장이라고 해도 믿겠다. 천장이 높고, 바닥은 대리석 재질로 반짝인다. 하루 만 원 게스트하우스가 뭐 이리 사치 찬란해? 여섯 명이 쓰는 도미토리 안쪽의 아래층 침대를 배정받았다. 주인인 듯한 남자는 피곤한 듯 사무적이다. 같은 방 러시아 남자와 악수를 한다. 이름은 콘스탄틴. 51개 나라를 다녔고, 조지아는 여섯 번을 갔다.

– 쉰한 개 나라 중에 조지아가 최고였어. 아제르바이잔에서 시간 낭비하지 마.

바쿠도 충분히 멋진데, 호스텔은 이렇게나 궁전 같은데, 조지아는 도대체 어떤 나라라는 거야? 정신 차리자. 바쿠가 어엿하다고 마음 뺏겨선 안 돼. 조지아만 보면 된다. 하찮은 설렘 따위에 흔들리지 말자. 조지아로 가는 기차표부터 알아봐야겠다.

첫날밤, 기록적인 통증

새벽에 눈이 떠진다. 출산의 고통은 어느 정도일까를 상상하며 복식호흡을 한다. 고통이 사라지는 건 너무 먼일이니까, 누그러지기만을 기다린다. 원래 소화액은 피부도 녹여버릴 만큼 강력하다. 그런 소화액이 식도를 타고 올라온다. 식도가 타들어 가는 고통을 역류성 식도염이라고 한다. 한기가 느껴진다. 콘스탄틴이 내가 닫았던 창문을 굳이 연다. 나만 춥다. 닭살이 돋는 한기, 활활 타는 명치와 목젖. 내 여행을 기록하기를 잘했다. 일기로 내 상황을 정리하지 않았다면, 그저 두려웠을 것이다. 이 고통이 갑작스럽고, 억울했을 것이다. 공항에서, 기내에서 내내 이어진 폭식이 위장을 쥐어뜯는다. 낮는 법도 안다. 배가 고플 때만 먹기. 부르면 멈추기. 단순해지면 된다.

단순함에서 너무 멀리 왔다. 단순함이 복잡함보다 훨씬 더 복잡해졌다. 새로운 음식이 궁금하다. 케밥을, 양꼬치를, 다디단 과자를 모두 먹어 치우고 싶다. 내 위장은 늙었고, 거덜났으며 한 때의 당연한 쾌락은 날아가 버렸다. 고통의 한가운데에서도 나는 무언가가 먹고 싶다. 후우우, 하아아. 어려운 여행이다. 하나씩, 하나씩, 해결해 나가자. 후우우, 하아아. 죽을병은 아니겠지? 나를 보살필 수 있는 건 나. 프리덤 호스텔, 여섯 개 침대 중 가장 안쪽, 2층 침대 중의 1층. 눕다가 다시 앉은 나는, 통증을 빤히 지켜본다. 통증도, 나도 잠들고 싶다. 깊은 호흡으로 나의 위장을 쓰다듬는다. 후우우, 하아아.

화장실 좀 깨끗이 사용해 주셔야겠어요

– 화장실 좀 깨끗이 사용해 주셔야겠어요.

하나도 못 알아듣겠다. 호스텔에 상주하는 거구의 남자다. 나는 침대에 누워 있었고, 남자가 들어와서는 다짜고짜 화장실 좀 깨끗이 쓰란다. 부탁인가? 명령인가? 덩치 때문인가? 말투 때문인가? 이건 누가 봐도 싸우자는 거다. 손님이 화장실을 더럽게 썼다 치자. 밖으로 불러냈어야지. 방에는 나 말고도 두 명이나 더 있다. 인종차별? 그 말 정말 신중하게 써야 한다. 대부분은 인간 차별이다. 되먹지 못한 인간의 무례함을, 차별로 오해할 뿐이다. 내가 마르고 못생긴 아시아인이어서일 리 없다. 남자라면 이 새끼의 죽빵을 갈겨야 한다.

– 무슨 말을 하는 거예요?

떨지 않고 이 한마디 하는 게 쉽지 않았다. 남자를 따라 화장실로 갔다.

– 솔을 들고 변기를 이렇게, 이렇게 닦으라고요. 알겠어요?

누가 뭐래도 나의 똥 자국이다. 그것도 제법 선명한 똥 자국.

– 알았어요. 조심할게요.

전의를 상실한 여행자는 공손하다. 당당하고 싶지 않은 사람은 없다. 내가 부주의했다. 다 내 잘못이다. 미개한 아시아놈 때문에 화장실 질서가 위기에 처하자, 어쩔 수 없이 무례했을 뿐이다. 나 하나만 잘했으면, 될 일이었다. 내가 바락바락 대들면 변기 사건은 걷잡을 수 없이 커진다. 우리 둘만의 사건으로 신속히 종료돼야 한다. 나만 없으면, 세상이 더 좋아질까? 용인 고기리에서 나는 잘렸다. 이 방에서 쫓겨나면, 갈 곳이 없다. 자존심? 자존심은 상처 따위는 모르고 산 배부른 자만이 소유할 수 있다.

살아도 된다는 허락이 간절하다.

아제르바이잔 여자와의 맞선

　　인스타그램 DM으로 연락이 왔다. 한국어를 가르치는 아제르바이잔 여자인데, 만나고 싶다 했다. 약속 장소엔 한국어 선생 말고, 챙이 큰 모자를 쓴 여자가 한 명 더 있었다. 딸이 있는 이혼녀로 한국 남자와 결혼해 한국에서 샌드위치 전문점을 여는 게 꿈인 여자다. 그러니까 나는 남편 후보감이었던 것이다. 나는 게이다. 여자에게 통 관심이 없다. 나는 게이니 썩 꺼지시오. 이럴 순 없는 거 아닌가? 그녀에게 남자로, 이왕이면 탐 나는 남편감으로 보이고 싶다. 최소한 단 한 명에게라도 중요한 의미이고 싶다. 누군가에게 똥 자국으로 한번도 지적받지 않은 사람이고 싶다. 나는 그녀 앞에서 김범수의 '보고 싶다'를 열창했고, 그녀의 손을 잡고 춤도 췄다. 귀밑으론 땀이 질질 흘렀다.

　　나는 내가 위선자라고 생각하지 않는다.

완전 아이돌 같으세요, 저요?

메이든 탑은 바쿠를 대표하는 건축물이다. 12세기에 지어진 8층 높이의 원형탑이다. 높이가 30미터나 된다. 바쿠의 올드타운은 우리로 치면 인사동이다. 아제르바이잔은 페르시아였다가, 셀주크 투르크였다가, 몽고의 침입을 받았으며, 러시아와 소련의 일부였던 적도 있다. 석회암을 주재료로 쓴 건물들이 황금빛으로 은은하고, 오돌도돌 바닥의 자갈은 낭만적이며, 나무로 만든 발코니는 독특하다. 강렬한 색감의 카펫이 바닥에, 난간에 치렁치렁 탐스럽다. 크고, 작은 판교 현대백화점이 뒤섞이고, 방치되면 그게 바로 바쿠의 올드타운이다. 여행자는 올드타운에 들어서는 순간, 아제르바이잔이 찬란한 문명의 수혜자였음을 절로 알게 된다. 메이든 탑에서 한국어 선생을 기다린다. 왜 또 보자는 거야? 나란 놈의 치명적인 매력이 이젠 좀 지긋지긋하기까지 하다.

- 좀 늦었죠?

하얀 피부의 그녀가 가쁜 숨을 몰아쉰다.

– 안녕하세요.

이 한국말은 어디서 나는 소리지? 185cm 아시아 남자가 그녀에게로 간다. 뭐야, 나만 부른 게 아니었어? 그녀는 나를 또 만나고 싶다 했다. 전날 맞선이 끝나고, 우린 한국어 선생의 학원으로 갔다. 그곳에서 광대가 되어 소릴 지르고, 노래하고, 꾸러기 표정을 지었다. 발광이었다. '적당히'를 모르는 내가, 한국어 선생을 반하게 했다(고 생각했다). 그녀의 손에는 두 개의 쇼핑백이 들려 있다. 내게는 모자가 든 쇼핑백을, 185cm에겐 셔츠가 들어간 쇼핑백을 줬다. 그녀는 내게 줄 것이 있다더니, 머리통이 들어가지도 않는 모자를 들이밀었다.

그녀는 매일 인스타그램을 검색한다. #바쿠. 이 태그로 검색하면, 바쿠를 방문한 한국 사람이 주르륵 뜬다. 영어를 쓰는 사람은 #baku 태그를 남긴다. 뭔 소리인가 싶을 수 있다. 태그에 대해 공부해 보기를 권한다. 185cm는 오늘 발견한 새(?) 남자다. 이름은 이지훈(가명), 제대 기념으로 아제르바이잔, 조지아, 튀르키예를 여행 중이다.

– 너무 잘 생겼어요.

나?

　- 지훈 씨, 너무 잘 생겼어요. 아이돌 같아요. 김현중이랑 똑같이 생겼어요.

　어디가? 키 좀 크고, 뽀얗고, 눈 좀 부리부리하면 다 미남이야? '장난스런 키스'에 나온 김현중과 똑같이 생겼단다. 가만, 혹시 저 셔츠가 내 거였던 건가? 짝퉁 김현중이 등장하자, 급조한 선물이 모자였던 거고? 집에 굴러다니는 모자여서 태그조차 없었던 거야? 당신, 고소할 거야. 나를 모욕했다고오오오.

　우린 이탈리아 식당에서 파스타와 피자를 먹었다. 나와 맞선을 본 여자와 그녀의 친동생이 합류했다. 쇼핑하고 오는 길이라고 했다. 지훈이는 뭐가 불만인지 똥 씹은 표정이다. 불편하면 꺼지시든가. 한국어 강사는 말이 부쩍 많아졌다. 볼은 복숭아처럼 붉게 부풀어 올랐고, 눈동자는 커졌으며, 숨이 고르지 못해, 내가 다 불안했다. 스마트폰으로 계속 지훈이를 찍어댔다.

　- 이건, 비밀인데요. 얘가 당신에게 푹 빠졌다고요. 완전히 반했다니까요.

손가락으로 누군가를 가리켰다. 맞선 여자의 딸은 눈만 깜빡 깜빡. 한국어라서 알아듣지 못하는 모양이었다.

– 저는 남자 친구가 있다고요. 그래서 당신을 좋아할 수 없어요. 호호호.

한국어 선생이 그 누구도 안 궁금한 정숙함을 주장하는 동안, 나는 입이 찢어져라 웃기만 했다. 나의 고른 치아로 혹시 모르는 반전을 기대했다. 있으나 마나 한 존재에서, 사라져야 마땅한 존재로 급격히 추락하고 있었다.

– 제가 봐도 정말 잘 생겼네요.

밥값을 하려면 마음에도 없는 추임새라도 넣어야 한다. 주제 파악은 늘 고통스럽다. 맞선녀는 여섯 개의 쇼핑백을 들고, 피곤하다며 일어섰다. 왜 이리 일찍 가세요? 내가 잡으면, 그녀는 못 이긴 척 다시 앉을 것이다. 입이 찢어져라 웃느라, 혼이 다 나가 버렸다. 그녀를 챙길 여력이 없다.

– 사진 좀 그만 찍으라고요. 싫다고 몇 번을 말해요.

– 왜요? 왜 사진 찍히는 게 싫어요?

한국어 선생은 더듬더듬 한국어 발음으로 울부짖었다. 지훈이
는 원래 같이 여행하기로 했던 친구가 있었다. 출발 전에 돌연 취
소했다. 외롭지 않고 싶어서 이 자리에 왔다. 처음 보는 아제르바
이잔 여자가 스마트폰으로 계속 자기를 찍는다. 그만 찍으라고
좋게, 좋게 여러 번 말했다. 여자는 그럴 수가 없다. 인생 드라마
'장난스런 키스'의 김현중이 눈앞에 있다. 이 기념비적인 날을 허
투루 날려버릴 순 없다. 그녀는 꿈속의 왕자님께 버림받았다. 서
러운 얼굴로 택시를 타고 사라진다. 삽시간에 뿔뿔이 흩어진다.
나와 지훈이만 남았다.

– 제가 너무 심했나요?

지훈이가 담배를 꺼낸다. '짝사랑'이라는 공연이 끝났다. 일찍
결혼했으면 지훈이만 한 아들이 있을 나이. 그렇다고 지훈이가
아들처럼 보이지는 않는다. 나보다 약간 젊은 남자일 뿐. 나는 늙
지 않았다. 내가 지훈이보다 작고, 못생겼다고 해서 늙고, 매력 없
는 아저씨일 리 없다. 바쿠는 이제 아름답지 않다. 산유국의 기름
판 돈으로 세워진 빌딩도, 여러 문화가 첩첩이 쌓인 올드타운도

다 지겹기만 하다. 나에게 공정함을 바라지 말라. 내일 당장 조지아로 떠나겠다. 그곳에선 분명 내가 주인공이어야 한다.

저절로 쉬어지던 숨이, 노력이란 걸 해야 겨우 쉬어진다. 치욕이 치욕스럽다. 부끄러움이 부끄럽다.

나보다 젊고, 잘 생기고, 키가 큰 지훈이도 별로 행복해 보이지 않는다는 것. 가장 큰 위로는 그거 하나였다.

똑똑똑, 크리슈나 무르티 선생님

아무리 찾아도 기차표가 없다. 잃어버렸다는 걸 인정하기까지 두 시간이나 걸렸다. 캐리어를 뒤지고, 배낭을 쏟고, 다시 넣고, 다시 뒤집는다. 확실히 없다. 그런데도 또다시 쏟고, 담는다. 침대 커버를 들추고, 침대 아래쪽도 본다. 쓰레기통을 뒤엎는다. 없다. 잃어버렸다. 기차표가 없으면 기차를 탈 수 없다. 아니, 탈 수 있다. 탈 수 있어야 한다. 요즘 세상이 어떤 세상인데.

- 기차표를 잃어버렸어요.

기차역 창구에서 여자는 머리를 긁적인다. 창구 직원들이 잠시 심각해진다. 회의한다. 어째 돌아가는 꼴이 불길하다. 이렇게 또 기차표가 날아가는 건가? 창구 직원 중 한 명이 손으로 뭔가를 적는다. 그걸 들고 어디를 잠시 다녀온다. 결재를 받는 모양이다. 출발 시간, 좌석, 내 이름이 빼곡히 들어간 기차표가 손에 쥐어진다. 손글씨 기차표를 어디서 만져 보겠어? 잠시 피가 말랐지만, 피가 마를 필요가 전혀 없었다. 이제 비자만 찾으면 된다. 내 글을 읽다가 혈압이 올라도 어쩔 수 없다. 도착 비자가 안 보인다. 나라고 내 머리를 쥐어박고 싶지 않겠는가? 공항 자판기에서 받았던 종이 쪼가리가 없어졌다. 출국할 때 꼭 필요한 종이 쪼가리다. 밥도 먹어선 안 되고, 물도 마셔선 안 된다. 산소도 아깝다. 존재 자체가 민폐고, 해충이다. 어서 빨리 바쿠를 탈출하고 싶다. 조지아에서 새출발하고 싶다. 밤 기차는 내일 아침 나를 조지아의 수도 트빌리시에 데려다 놓을 것이다. 크리슈나 무르티는 내가 좋아하는 인도의 철학자다. <아는 것으로부터의 자유>란 책에서 알고 있는 모든 지식은 거짓이라고 했다. 기억도, 생각도 신기루일 뿐이니, 그런 허상에 놀아나지 말라고 크리슈나 무르티는 강조한다.

헤이다르 알리예프 문화센터

… 크리슈나 무르티 선생님, 제가 모자를 받았어요. 185cm 피부 뽀얀 놈이 셔츠를 받았고요. 이게 혹시 이몽룡과 방자의 표식 같은 건 아니겠죠? 변기 깨끗이 쓰라고, 숙소 사장이 방까지 기어 들어 왔어요. 크리슈나 당신도 어이없죠? 손님이 왕까진 아니어도, 노예도 아니잖아요? 지금 제가 웨하스를 왜 씹고 있을까요? 제 기억은 모두 거짓이라면서요? 어제 위산이 역류해서 새벽에 깬 건 제가 아니에요. 스승님, 저를 개돼지 보듯 그러시면 안 돼요. 하나 드실래요? 세상은 잠시라도 달콤하고, 바삭해야죠.

헤이다르 알리예프 문화센터는 동대문 디자인 플라자 DDP를 설계한 자하드가 지었어요. 2016년 마이애미에서 심정지로 죽었대요. 우리나라 나이로 예순일곱이면 너무 젊은 나이죠? 헤이다르 알리예프 센터를 짓지 않았다면 그녀는 십 년은 더 살았을 거예요. 천기를 누설한 죗값을 치른 거예요. 미래의 건축을 그렇게 다 까면 어쩌냐고요? 상상에 머물렀어야 할 건물을 지어 놨으니 우주의 질서가 살려둘 리 있어요?

아제르바이잔은 '불의 나라'예요. 불이라는 뜻의 페르시아어 아자르, 아랍어로 나라라는 뜻의 바이잔이 합쳐진 거죠. 땅을 파면 그냥 기름이 솟구친대요. 세계에서 제일 긴 송유관이 조지아를 거쳐, 튀르키예까지 이어져 있대요. 그래서 돈 냄새가 폴폴 나는 도시가 됐어요. 두바이 아닌가? 헷갈릴 만큼 화려해요. 플레임 타워는 높이가 190m나 돼요. LED 조명을 때려 박아서, 밤이면 색을 바꿔가며 들썩들썩 춤을 춘답니다. 고층 빌딩이 허리를 튕기면서 춤을 춘다니까요. 바쿠는 거짓말이에요. 헛것임이 분명해요. 이렇게 비현실적으로 화려하고, 밝고, 떠들썩한 도시라뇨? 도착 비자를 잃어버렸다는 제 기억도 의심할래요. 그랬을 리 없죠. 기차표와 비자를 동시에 잃어버리는 멍청이일 리가요? 그런 놈은 뒈져야죠. 마지막으로 한 번 더 캐리어를 뒤져볼게요. 왜 없을까요? 크리슈나 무르티 선생, 좋은 말로 할 때 내놔요. 당신이 가져갔죠? 내가 만만해요? 빌어먹을 기억 좀 제발 지워주세요. 당장 비자도 내놓으시고요. 제발요. 무릎이라도 꿇어요?

국경선의 눈물

기차가 멈췄다. 승무원이 여권을 걷어간다. 국경선이다. 1등석은 칸마다 침대가 두 개. 2등석, 3등석도 있지만, 1등석을 타고 간다. 덥다, 더럽다. 이런 말을 듣고도 2등석, 3등석을 고르는 거지들아, 그 입 다물라. 더, 더 괴로워지거라. 그렇게 아낀 만 원, 2만원이 오지더냐? 당연히 불편해야지. 1등석의 가장 큰 기쁨은 2,3등석의 비명이란다. 부자의 참맛은 우월감이더구나. 나는 지금도 가난하다. 예전보다 더 가난하단다. 하지만 남은 수명이 줄어들고 있음을 알지. 그걸 지혜라고들 한단다. 젊을 때는 모든 게 두려웠다. 거지가 될 수 있다. 길바닥에 나앉을 수 있다. 모든 소비에 그 두려움이 관여했다. 하루라도 더 여행하려면 아껴야 했지. 지금은 오늘만 생각한단다. 예측되는 고통은 어떻게든 피하고 본다. 대신 알토란 같은 추억도 줄어들더라. 평지를 택했기 때문이야. 젊음은 뜨겁게 어리석고, 늙음은 지루하게 지혜롭단다. 그 어리석음이, 그 뜨거움이 하나도 부럽지 않다. 정말이다.

기차에서는 신기할 정도로 잘 잔다. 덜컹덜컹 일정한 소음과 일직선으로 흐르는 풍경이 맥박과 합을 맞춘다. 안정감과 불안함이 5:5가 된다. 궤도를 도는 인공위성이 된다. 밤새 쌕쌕 잘 잤다. 드디어 운명의 시간이다. 비자가 없는 여권을 누군가가 가져간다. 최악의 상황은 국경을 못 넘는 것이다. 그것 역시 어떻게든 된 것이다. 바라는 결과가 아닐 뿐이다. 어떤 결과든 결국엔 받아들여진다. 시간이 걸릴 뿐. 골방에 감금된다 해도, 다음날이면 배가 고플 것이다. 작은 희망 여러 개를 만들어서, 그 희망에 기댈 것이다. 물이라도 줬으면, 뭐라도 먹었으면, 누군가와 연락이라도 닿았으면. 이런 희망들로, 나를 지킬 것이다.

– 맨 끝 칸으로 가세요.

진한 눈화장 때문에 판다처럼 보이는 승무원이 상냥하게 웃는다. 비자를 잃어버린 자에게 최종 선고가 내려질 참이다.

– 사진은 안 돼요.

국경선이라고 해봤자 기차역이다. 차창 밖으로 아침 청소를 하는 사람이 보인다. 안 찍는다는 표시로 카메라를 목에 건다. 나는 확실히 여유가 있다. 마지막 칸에서 군인이 노트북을 켜놓고 나를 기다린다.

– 비자를 잃어버렸어요.

– 그렇군요.

그렇군요? 그게 다야?

– 지금 동영상을 찍고 있는 건가요?

갤럭시 노트를 확 채간다. 상냥한 군인은 이제 없다. 나는 앉자마자 갤럭시를 손등에 올리고, 위쪽을 향하게 했다. 동영상 녹화 버튼을 눌렀다. 그의 턱과 목젖이 보인다. 버튼 누르는 소리가 났다. 안 날 줄 알았다. 아, 등신. 후회한다. 후회할 짓을 했으니 후회할 자격도 없는 건가?

비자를 잃어버린 남자의 국경선 통과하기

유튜브 소재로 이만한 게 없다. 글쟁이로 나는 실패했다. 입으로는 최고의 글쟁이라고 떠벌리지만, 하루하루가 힘겨운 가난뱅이일 뿐. 전 세계 관종들이 별별 해괴한 영상을 다 올리는 유튜브 생태계에서 무난한 건 살아남지 못한다. 더, 더 자극적이어야 한다. 돼지 창자를 씻는 아버지를 탈출시켜드려야 한다. 솔직히 조지아 하나도 안 궁금하다. 구치소에서 시멘트 잠을 자도 된다. 뉴스에 나와도 된다. 경제적 안정이 간절하다. 유튜브는 나를 구원할 마지막 희망이다.

– 지우세요.

삭제 버튼을 눌렀다. 도장을 쾅쾅 찍은 여권을 내민다.

– 아제르바이잔을 방문해 주셔서 감사합니다. 잘 가요.

국경 무사통과, 허무하게 해피엔딩이다. 드디어 조지아다. 1등칸으로 돌아와서 갤럭시 노트를 켠다. 휴지통엔 지운 동영상이 그대로 남아 있다. 바보 같은 놈. 이렇게나 허술해서야. 휴지통 비우기를 누른다.

완벽한 삭제.

이걸로 죄를 씻는다. 와 주셔서 감사하다니. 도촬이나 하는 놈에게 할 말이야? 내가 스파이일 수도 있는 건데, 그렇게 순순히 보내 주다니. 무조건 믿고, 무조건 반가워하는 사람이 국경선의 군인이라니. 왜 눈물이 나지? 박민우는 잘 살고 싶었다. 숨이나 좀 쉬고 싶었을 뿐이다. 후우우 후우우. 조지아가 보이기 시작한다. 전혀 반갑지 않다. 지금은 이 뜨거운 눈물에 집중하고 싶다.

나를 용서할 시간이 필요하다.

인생 여행지가 되어줄래? 조지아

8시 50분에 도착 예정이라던 기차는 오전 열한 시가 다 돼서 도착했다. 몰카를 찍다 들킨 현행범에게 두 시간 10분 연착은 죗값으로 한참 부족하다. 수도 트빌리시다. 드디어 조지아다, 나는 이곳에서 여행으로 보상받고자 한다.

지아(조지아어로 태양을 의미한다고 한다) 여사는 내가 묵을 숙소 주인이다. 에어비엔비로 여러 숙소를 굴리는 능력자이기도 하다. 에어비엔비도 끝물이란 말이 나오지만, 여러 집을 숙소로 운영하는 사람은 여전히 많다. 돈이 된다는 건 나도 알지만, 엄두

가 나지 않는다. 진상 손님, 부동산 계약, 이웃집 민원 등 골치 아
픈 것들이 먼저 떠오른다. 대부분이 그럴 것이다. 소수가 부자고,
다수는 가난뱅이인 이유다. 조지아의 첫날밤은 싸구려 게스트하
우스 대신, 독방에서 와인으로 자축하고 싶었다. 보통은 현관 근
처에 열쇠를 놔두고, 찾을 수 있는 방법을 설명해 놓는다. 굳이 직
접 만나서 주겠다는 지아 여사 때문에 한 시간 이상을 헤맸다. 영
어를 못하는 지아 여사와 결국 만난 게 사실은 기적이다. 러시아
에 산다는 딸이 전화를 줬고(영어를 잘했다), 맥도날드 앞에서
꼬불꼬불 파마머리 지아 여사와 극적으로 만날 수 있었다.

– 학생이에요?

짜증으로 정수리가 간질간질하던 박민우는 몸 둘 바를 모르
겠다. 쉰이 낼모레인 중늙은이보고 학생이냐니? 젊어지고 싶다
면, 타임머신을 탈 게 아니라 조지아로 오면 된다. 아제르바이잔
에서 조지아로 국경선을 넘을 때 창밖 풍경은 심란했다. 숙소까
지 오는 버스 안에서도 갸우뚱갸우뚱, 바쿠와 비교하면 난민촌이
다. 첫날은 대체로 실망스럽다. 공항이나 역에서 시내까지는 고속
도로거나, 황량한 벌판이거나, 미적 감각이라고는 전멸한 앙상한
주택가일 때가 많다. 다음 날이나, 다음 다음날 이런 곳이었어?

자신의 경솔함을 반성하며 감동에 허우적댄다. 나는 지금 발단, 전개, 위기, 절정, 결말 중에 위기의 어디쯤이다. 젊은것들이나 여행 초보는 순간만 본다. 나는 흐름을 간파하고, 다음 단계를 예상한다. 거의 '신', '여행의 신'이 바로 나인 것이다. 트빌리시의 첫인상은 확실히 '위기'다. 후졌다는 얘기다.

아무리 봐도 전염병이 창궐한 폐허다. 조지아 좋다는 사람 다나와. 여행 초짜는 이쯤에서 광분한다. 나는 여유가 있다. 멀쩡한 새 아파트가 보이자 잠시 흥분한다. 설마 여기? 하루 2만 5천 원인데 너무 고급스러운 거 아냐? 그냥 지나친다. 그럼 그렇지. 난민촌에서 혼자 뉴욕이고, 청담동이다. 낸 돈보다 훨씬 좋은 방을 기대한다. 숙소를 정하는 건 도박과 같고, 여행자는 도둑심보로 무장한 채 대박을 꿈꾼다.

– 여기예요.

단연 도드라지게 높은 건물이다. 내내 이어지던 음산한 분위기가 12층을 통째로 처바르고 있었다. 지어진 지 50년은 확실히 넘었고, 단 한 번의 덧칠 없이 원형의 페인트만 군데군데 남은, 아파트라기보단 유적지에 가까운 폐허였다.

– 동전을 넣어야 올라간다우. 호호호

이 동네 다섯 손가락 안에 드는 인기쟁이일 것 같은 지아 여사가 작은 동전 하나를 넣는다. 0.1라리. 40원. 엘리베이터가 그제야 움직인다.

– 내려갈 땐 공짜라우. 호호호

동전을 넣어야 움직이는 엘리베이터는 듣도 보도 못했다. 벽은 낙서로 가득한데, "너는 발을 들이지 말았어야 했어." "너도 나처럼 여기서 목이 따이겠구나." 따위의 절규로 도배돼 있다. 해석할 능력은 없지만, 해석하기도 싫다. 왜 직접 열쇠를 건네야 했었는지 알겠다. 누가 이런 집을 제 발로 기어들어 오겠는가? 내리자마자 누군가가 내 머리통을 갈기고, 입에 재갈을 물릴 게 확실한데 왜 도망치지를 못하는가? 신용카드 비밀번호를 불 때까지 두드려 패겠지. 납치와 폭행이 이보다 더 잘 어울리는 엘리베이터를 본 적이 없다. 11층 문이 열린다. 오른쪽 복도를 돌자 그나마 있던 칙칙한 빛마저 사라진다. 완벽한 어둠이다. 지아 여사가 스마트폰 불빛을 이용해 열쇠를 꽂는 동안, 호수가 없다는 걸 알아챈다. 조지아는 택배를 어떻게 하지? 복도로 들어가 왼쪽에서 세 번째 집.

이런 메모를 추가로 남기나? 딸그락, 딸그락. 문이 열린다. 뭐야, 뭐야? 빛이 한꺼번에 뿜어져 나온다. 지아 여사가 악마였다면, 그 자리에서 녹아 버렸을 정도의 세기다. 악마가 아닌 지아 여사는, 빛의 총공격에 잠시 비틀, 힘겹게 방 안으로 자신의 몸을 밀어 넣는다. 오른쪽으로 샤워부스 딸린 화장실이고, 좀 더 들어가면 주방 겸 거실이다. 보쉬(Bosch) 드럼 세탁기와 필립스 커피포트, 2인용 가죽 소파와 흰색 탁자가 정답처럼 놓여 있다. 탁자 위에는 웰컴 와인과 사과, 사탕과 롤리폴리 웨하스가 소복하다.

– 다 공짜라우. 호호호

더러운 아파트, 엘리베이터. 발단, 전개, 위기, 절정, 결말 중 위기. 위기 중의 위기. 해도 너무 하네, X발. 나도 못 참고 속으로 욕을 했다. 문이 열리고, 밝은 세상이 날벼락처럼 쏟아졌다. 빛의 파동에 정신을 차릴 수가 없다. 질식할 것 같은 밝음이었다. 천국은 지옥을 거쳐야 다다를 수 있다는 교훈을 똑똑히 목격 중이다. 1등급 방을 숨겨두고 건물 전체가 흉흉하기로 작정했다. 행복하냐고? 전혀! 생수 하나 사려면 지옥 길로 되돌아가야 한다. 방은 좋은데, 방만 빼고 다 좆같다. 심란하게 경이롭다. 위기인가? 절정인가? 여전히 모르겠다. 조지아는 무얼 보여줄 작정인가? 예상이란 게 불가능한 곳에 와 있다.

조지아라는 망나니

 짐을 싼다. 아르메니아로 간다. 갑자기 아르메니아라니? 지금
은 말할 기분이 아니다. 이번 여행은 망쳤다. 조지아라는 망나니
에 물어뜯긴 나는 일단 아르메니아로 피신하겠다.

내가 트빌리시에서 당한 수모들

첫번째 에피소드

마트에서 파이 하나를 쟁반에 담았다. 봉지에 담아줘야 할 남자 직원은 덩어리 치즈를 진열대로 옮기는 중이었다. 쟁반을 들고 있는 나를 무시하는 속도였지만, 기분 탓이라 생각하기로 했다. 하나, 둘, 셋, 넷, 다섯 개의 치즈를 옮겼다. 그리고는 여자 점원과 수다를 떨기 시작했다. 요즘 그녀는 누구를 만나는지, 가족들은 안녕한지가 마침 궁금한 모양이었다. 나는 이 여자에게 파이의 속재료가 뭐냐고 물었다. 조지아 말을 모르니 귀여워라도 보여야지. 닭고기인가요(날개를 퍼덕거렸다)? 돼지고기인가요(들창코를 만들었다)? 여자는 빠르게 뭐라고 했다. 조지아에서 조지아 말로 답하는 건 아무 문제가 되지 않는다. 눈도 마주치지 않고, 할 말만 하고 휙 돌아섰다. 잠시 멍해졌다. 그래서 파이에 뭐가 들었냐고, 이 X년아. 꽥 소리를 지르고 싶었다. 그녀가 창백해져서 당황하는 꼴을 보고 싶었다. 생각만으로 그치니, 다들 나를 호구 좆으로 본다. 정체불명의 파이를 어쨌든 쟁반에 담았다. 어서 봉지에 담아서 주라고. 그런데 두 연놈이 암수 서로 정답게 나를 능멸

했다. 오늘 저녁엔 뭐해? 맥주라도 한잔할까? 그때 거기? 깔깔깔, 호호호. 손님이 이렇게 서 있는데, 너희들 잡담은 그리도 맞나더냐? 내 지랄병이 도질 때를 기다렸다가, 바로 직전 절묘하게 봉투에 담았다. 내가 기다리고 있음을 알고도, 마음껏 수다를 즐겼던 것이다. 파이 속 재료는 돼지고기도, 닭고기도 아니었다. 오렌지잼이 가득 들어간 오렌지 파이를 저녁으로 먹어야 했다.

두번째 에피소드

- 노 노

앉아서 먹을 수 있냐고 물었을 뿐이다. 그게 화를 낼 일인가? 제과점의 소녀는 소리를 질렀다. 복층으로 된 제과점이었다. 테이블도 있고, 의자도 있는 2층을 올라갔다 내려왔다. 손가락으로 2층을 가리켰다. 2층에서 먹어도 될까요?

- 노, 노오오

그녀는 목소리를 높였다. 2층에 사다리가 보였다. 공사 중인 모양이었다. 화가 난 게 아니라, 말투가 그런 거겠지. 이미 산 케이크를 어쩌지? 혹시 1회용 포크라도 있나요?

– 노, 노오오오오

화난 게 맞구나. 심장이 벌렁거렸다. 내가 뭘 잘못했는지 모르겠지만, 확실히 잘못했다. 존재 자체가 잘못일 것이다. 빨리 사라져야 할 놈이 뭘 자꾸 처묻고 지랄이야. 마침 길 건너 극장에서 「알라딘」이 상영 중이었다. 「알라딘」은 내가 사랑에 빠진 최초의 디즈니 애니메이션이기도 하다. 뉴욕에서 10만 원 이상을 내고 뮤지컬까지 봤다. 이번엔 실사 영화다. 디즈니는 비열한 잔머리로 돈을 긁어모으는구나. 창의력은 바닥나고 돈독만 오른 디즈니는 만화로, 뮤지컬로, 실사 영화로 똑같은 이야기를 몇 번이고 우려먹는다. 나처럼 생각 없는 인질이 열심히 봐주니까 뭐.

– 영어 자막이 있는 「알라딘」이 있나요?
– 잉글리시 노노
– 자막 없어도 돼요.
– 잉글리시 노노. 러시아, 조지아 온리
– 노 잉글리시?
– 노, 노오오오

나는 그만 매표소 직원까지 화나게 하고 말았다. 우린 여행 많이 하고 살아야 한다. 영어로 만든 영화가 영어가 사라진 채 개봉된다. 조지아에선 러시아어나 조지아어 리스닝이 가능해야 디즈니 영화를 볼 수 있다.

세번째 에피소드

버스에서 깜빡 졸았다. 제복 여자가 나를 노려본다. 뭐지? 조지아 버스는 현금을 내거나 충전한 버스 카드를 사용한다. 버스 카드를 찍으면 영수증이 나온다. 무임승차를 검사하는 건가? 영수증을 챙겼던가? 주머니를 뒤적인다. 없다. 당황한다.

- @#$%^&* #$%^&*@$%^

나만 보면 왜 조지아 사람들은 화를 내는 걸까? 자포자기한 심정으로 버스 카드를 내밀었다. 제복 여자는 버스 카드를 휙 채가더니 단말기에 찍는다. 돌려준다. 버스 카드를 주면 됐던 거였다. 내 옆 소녀가 킥킥댄다. 내가 당황하면, 누군가는 웃는다. 조지아 사람도 웃을 줄 안다. 그거면 됐지. 조지아는 화가 많은 나라다. 저렇게라도 웃는 사람을 많이 보고 싶다.

네번째 에피소드

  - 아니야. 네가 본 게 맞아. 먹고 살기가 너무나 힘들어졌어. 조지아 사람들은 웃음을 잃었어. 술 좋아하고, 친구 좋아하고, 대가족이 모여 만찬을 즐기는 조지아 사람들은 이제 없어.

  트리니티 대성당 맞은편 식당 종업원은 영어가 유창했다. 원래 무뚝뚝한 게 아니라, 무뚝뚝해졌다고 했다. 트빌리시는 고름처럼 흉측하다. 너덜너덜 걸레 같다. 평화의 다리 주변만 예외적으로 아름답다. 관광지라 불리는 곳은 유럽이나 다를 바 없다. 그 부위만 빼고, 폐허다. 커다란 빵을 옆구리에 기타처럼 들고 가는 사람들을 어디서나 볼 수 있다. 토마토, 오이와 곁들여 먹는다. 여유가 있으면 치즈 쪼가리를 얹어 먹는다. 손꼽히는 미식 천국이지만, 돈 있는 사람들에게나 그렇다. 지하철에서 덩치 큰 두 명의 쌍둥이가 바나나 한 송이를 무소음으로 오물거리고 있었다. 한 손에는 바나나 껍질이 얌전히 포개져 있었다. 저게 밥이구나. 국가 대표 역도 선수처럼 생긴 쌍둥이가 바나나로 배를 채우다니.

가난과 불친절, 누더기 주택가. 오해겠지. 뭔가가 더 있겠지. 그렇게 24일을 머물렀다. 24일 내내 볼품없지 않았다. 유명한 호텔과 카페는 밝고 아름다웠다. 한 나라의 수도다. 건질 게 아예 없을 수는 없다. 물가가 싸다지만 맛집은 만 원 이상 써야 했고, 길거리에서 쉽게 찾아지는 군것질거리도 딱히 없었다. 조지아는 길거리 음식 천국은 아니었다. 그놈의 미련이 사람을 미련하게 한다. 조금이라도 일찍 조지아를 떠났어야 했다.

조지아는 내 여행 인생 최악의 나라가 됐다.

카즈마에게

아르메니아로 향하는 중이야. 미니버스로 여섯 시간 정도 걸린
대. 트빌리시는 조지아에서도 가장 기대가 컸던 곳이었어. 나, 도
시 좋아하는 거 알지? 카페도 가고, 공원도 거닐면서 3주나 머문
도시가 됐어. 정확히는 24일. 거의 한 달이네. 그 긴 시간을 단 한
줄도 쓰지 않으려고 해. 더 일찍 뜨려고 했지. 아르메니아 숙소 주
인이 제때 답을 안 주는 거야. 에어비엔비를 이제 막 시작한 집이
라서 후기도 없었거든. 불안하잖아. 아니, 무섭잖아. 떠나는 날 아
침까지도 답이 없어서, 취소해 버렸어. 일주일이 어영부영 지나가
더라. 그렇게 24일을 허비했어. 요즘엔 가구공장에서 일한다며?
친구 가구공장에서 종일 유튜브만 본다며?

– 형이 심장마비로 죽었어.

스마트폰으로 전해지는 너의 목소리는 차라리 개그맨이었지.

– 아냐, 위로는 넣어 둬. 내 개가 죽었으면 훨씬 슬펐겠지만,
형이잖아.

개그 칠 때냐, 이놈아! 형이 죽었는데, 그게 할 말이냐고? 슬퍼
할 용기도 없는 거야? 그래?

– 민우야, 자주 전화해 줘. 네가 해 줘. 내가 말고, 네가.

천하의 자존심쟁이 카즈마가 부탁을 하다니. 목소리까지 떨어가면서. 너는 울고 있더라. 눈물도 없이, 흐느낌도 없이. 우리는 남미를, 아시아를 같이 다녔지. 여행을 끝내고, 비슷한 시기에 책을 냈어. 너는 일본에서, 나는 한국에서. 뭐, 너에 비하면 나는 잘된 편이긴 해. 방송 출연도 여러 번 했으니까. 내가 아는 가장 미친 글쟁이는 카즈마, 너야. 밥도 굶어가면서, 방에만 틀어박혀서는 글만 썼지. 이 녀석이 나보다 먼저 유명 작가가 되면 어쩌지? 나에겐 없는 집중력에 침이 다 마르더라. 알아. 너는 너대로 나를 부러워했다는 걸. 고졸의 네가 일본이란 나라에서 작가가 되기란 불가능에 가까웠지. 책을 내긴 했지만 반응은 시원찮았고, 결국 여행도, 글도 포기해야 했어. 대신 넌 예쁜 아내 치카를 만났고, 사랑스러운 아들도 낳았잖아. 빵빵하게 짐으로 꽉 찬 배낭은 버렸니? 당연히 버려야지. 자고로 여행자라면 언제든 떠날 수 있어야 한다며 싸놓은 그 배낭 말이야. 결혼까지 해놓고 그따위 허세에 자부심 느끼는 거 아니지? 여행에 더 미친 네가 아빠가 되고, 덜 미친 내가 세상을 떠돈다. 운명은 늘 이런 식이야. 엉뚱해. 고통스러울 만큼.

기억에 의지해서 글을 써. 강렬한 기억을 여행기로 옮겼지. 그게 <1만 시간 동안의 남미>가 됐어. 강렬함이 점점 줄어들고 있어. 우리의 남미는 기억이 넘쳐서, 고르고 또 골랐는데 말이야. 트빌리시에서 24일간 머물면서 쓸 게 없는 거야. 나 어쩌면 좋냐? 조지아 치즈는 짜고, 빵은 두꺼워. 와인은 맹탕이고, 샌드위치는 그냥 샌드위치야. 칠레의 토레스 델 파이네, 키르기스스탄의 이쉬쿨 호수, 중국의 호도협을 기억해? 부에노스아이레스와 파나마시티를? 키르기스스탄에선 죽을 뻔했지. 눈이 꽁꽁 언 벼랑에서 추락할 뻔했잖아. 호도협에선 내가 드러누웠었지. 다리에 쥐가 나서 더 못 걷겠는데 너는 멀쩡했어. 분하고, 창피해서 생지랄을 떨었던 나를 기억해? 그러면서 마주쳤던 풍경들이었어. 조지아 국경을 넘자마자 바다처럼 확 트인 세반 호수(Sevan lake)가 나오더라. 아르메니아야. 동행한 여행자들이 사진을 찍어. 나는 그 사람들을 봐. 호수보다 사람들이 더 신기해. 아름다운 호수를 보면, 저렇게 좋아해야 하는 거구나.

나는 절름발이 여행자야. 누구보다 흥이 많았던 박민우는 이제 없어. 누구나 좋다는 조지아가 형편없었으니, 아무도 추천하지 않은 아르메니아가 혹시 나를 놀라게 할까? 조지아가 아니라, 내가 문제였다는 걸 부정 중이야. 장소가 문제여야 해. 내가 문제라면, 더는 여행하면 안 되는 거니까. 여행자에게는 사형선고인 셈인 거니까.

오늘 밤엔 술을 좀 마실까 해. 술이 간절한 하루야. 나도 너처럼 정착할 때가 된 걸까? 친구 중에 가구를 만드는 놈이 있나 알아볼까? 너의 형이 사줬던 도토루 커피 향이 아직도 맴돌아. 그렇게 건강한 사람이 심장마비라니. 카즈마, 넌 잘살고 있니? 괜찮은 거야? 정말 괜찮아? 가정을 갖게 된 안정감이 곱씹을수록 좋니? 가끔 보통의 삶이 부러워. 왜 이리 억울하지? 배부른 소리로 들려? 자유로운 내가 부럽니? 자유? 그 자유에 갇혀서, 도망갈 핑계도 없어. 이번 여행은 완전히 망친 것 같아. 너라도 행복하길. 오사카에 가면, 형이 있는 곳에 가자. 이번엔 내가 도토루 커피를 사 들고 갈게. 같이 커피를 마시자. 술도 좋겠다! 형 한 잔, 너 한 잔, 나 한 잔!

2019년 6월 20일
아르메니아 예레반에서
친구 민우가

악마의 번호 25, 25동을 찾아라

오후 세 시부터 시작된 집 찾기가 다섯 시를 넘기고 있다. 아파트 단지를 두 시간이나 헤맸다. 가게에 들어가서 일단 환타를 집었다. 손이 떨려서 좀 창피하다. 25동 아파트는 도대체 어디에 있는 걸까? 두 시간 헤맨 과정을 설명하겠다. 처음 20분, 빙빙 돌았다. 그래 봤자 근처겠지. 걸어서 1분 거리다. 구글맵이 그렇다고 했으니까.

– 여기는 50동이에요. 25동은… 모르겠네요.

50동? 엄청난 대단지다. 50동이 있으면 25동도 있겠지. 25동이 어디죠? 여기요. 저기요. 왜 사람마다 답이 다르지? 자기네 동네를 이렇게 모를 수도 있나? 집주인에게서 메시지가 왔다.

– 왜 그런지 모르겠는데, 5동이 25동으로 표시되는 경우가 있어요.

구글맵이 오늘은 여기를 25동이라고 해야겠다. 뽑기라도 한다는 거야? 그래서 여기가 5동이라는 거야? 25동이라는 거야? 사람들은 50동이라는데? 자신감이 사라진다. 미로에 갇혀 버렸다. 메시지가 왔다. 구글맵에서 25동을 캡처한 사진이었다. 구글맵을 켰다. 집주인이 보내준 지도의 빨간 화살표에 정확히 내가 있었다. 여기가 25동이어야 맞다. 그런데 25동이 아니다. 뭔가 잘못되었다. 뭐가 잘못되었는지는 모른다. 다급해진 나는 아무나 붙잡고 또 묻는다. 두 명만 같은 답을 해도, 그리로 가겠다. 아르메니아 사람들은 50동에 살면서 25동을 모른다. 구글맵은 꼴리는 대로 25동을 표시한다. 여러 명이 길 건너가 25동이라고 했다. 그래서 일단 건넜다.

 – 아직도 못 찾았어요? 이상하다. 지금까지 그렇게 집을 못 찾은 손님은 없었어요.

 손님 중에 가장 등신은 바로 너. 집주인이 나를 모욕한다. 5동이 됐다, 25동이 되는 신비로운 아파트를, 열 명에게 물으면, 열 개의 25동이 생기는 아파트를 못 찾아낸 손님은 나밖에 없다고? 사거리 가장 큰 식당 앞에 있으세요. 제가 나갈게요. 이 쉬운 방법을 놔두고 문자질이나 하는 집주인을 나는 욕하지 않겠다. 심호흡, 심호흡. 인도에서 배운 호흡 명상이 큰 힘이 되고 있다.

- 25동은 택시를 타셔야 해요.
- 오, 노오오오

뭔 개소리야? 명상이고 나발이고, 택시라니? 두 시간을 헤맸더니, 택시를 타라고? 같은 단지 안에서, 택시까지 타고 또 어디를 가라는 거야? 인기가 없는 나라는 다 이유가 있다. 이따위 나라를 누가 오고 싶겠어? 조지아는 지옥이고, 아르메니아는 생지옥이다. 안 왔어야 했다. 전화번호, 전화번호. 연결 자체가 안 된다.

- 아, 저는 지금 러시아에 있어요. 러시아 번호라 통화가 안 될 거예요. 집에서 내 사촌이 기다리고 있어요.

에어비엔비의 느려 터진 메시지로 답이 왔다. 답답해서라도 주인이 나와 주기를 바랐다. 하지만 주인장은 러시아에 있다. 영원히 25동을 찾을 수 없을 것이다. 아니, 25동은 존재하지 않음이 확실하다. 상상 속 유니콘이다. 아무 호텔에서나 자겠다. 가게에서 물건을 진열하던 남자가 따라 나왔다. 자두 한 알을 건넨다. 눈물이 날 것 같다. 집주인의 전화번호를 묻는다. 소용없다니까. 러시아 번호라니까. 번호를 받아 적은 남자는, 그녀와 통화를 한다.

어? 통화가 돼? 우리나라 카카오톡 같은 왓츠앱 메신저 서비스로 통화를 한다. 그의 스마트폰을 뺏듯이 가로챘다.

돼지들이 사는 아파트

입구부터 파리들이 윙윙. 무슨 냄새지? 엘리베이터 옆이 쓰레기장이다. 미끄럼 통로로 각층 쓰레기가 1층으로 수직 낙하하는 구조였다. 처박힌 쓰레기는 수거만 해가고, 쓰레기장은 완전 방치 상태. 이렇게 더러울 수가? 1층이 쓰레기장이라고, 쓰레기 아파트인 건 아니잖아? 조지아에서 이미 예습했다. 방은 생각보다 괜찮을 것이다. 복도와 엘리베이터는 지옥이고, 방은 천국. 트빌리시 집들의 공식이다. 동네 장사를 하면서도 가게 주인조차 25동을 모른다. 주민들끼리 회의까지 했다. 세차하는 남자에게 25동이 어디냐고 물었었다. 숫자를 보여줬다. 모른다고 했다. 25동이 바로 옆 건물이었는데도 모른다고 했다. 아르메니아 사람들이 멍청하다고 생각하지는 않는다. 몇 동에 사는지 알 필요가 없는 나라다. 택배라는 것도 모르고, 세금 고지서도 집으로 안 오는 나라인 모양이다. 어쨌든 나를 도와주기 위해 사람들이 몰려들었고, 최선을 다해 25동을 찾아주고 싶어 했다. 아파트 주민들이 신기한 듯 나를 구경했다. 집 못 찾고 쩔쩔매는 여행자가 대단한 구경거리였다. 아시아인을 평생 보지 못한 사람들에게 나는 판다처럼 신기했을 것이다. 가게 점원은 자두를 줬고, 내가 방을 찾을 때까지 곁에 있어 줬다.

사촌이란 여자는 열쇠만 주고 사라졌다. 나 때문에 세 시간을 기다렸다. 그녀의 하루도 마냥 억울했을 것이다. 나라면 애가 타서라도 나와봤을 텐데, 똥 씹은 표정으로 거실에서 기다리기만 했다. 어쨌든 내가 꼴도 보기 싫을 테니 잘 가시라. 집주인은 지금 러시아에 있다. 이 방은 하루 만 3천 원이다. 에어컨과 욕조가 있고, 오래된 드럼 세탁기가 있다. 주방에는 차와 커피, 인스턴트커피가 종류별로 있고, 예쁜 찻잔이 찬장에 가득하다. 바닥재와 가구는 갈색으로 톤을 맞추었다. 방은 총 세 개. 내 방은 레이스 달린 공주 침대와 예쁜 스탠드 조명이 나란하다. 사진보다 실물이 더 예쁜 방이다. 방이 세 개인 집 한 채가 하루에 만 3천 원이라니. 1층만 돼지우리지 실내는 아름답기까지 하다. 공용 공간은 방치, 개인 공간은 애지중지. 사유 재산이 허락되지 않던 소련의 영향인 걸까? 일단 수돗물을 냄비에 담아서 끓인다. 주방 끝 창문으로 간다. 키 큰 나무와 작은 나무들이 창밖에서 사르락 사르락 바람과 합을 맞춘다.

이 방은 뉴욕 맨해튼에서 내가 묵었던 방보다 여덟 배 더 싸고, 세 배 더 크다. 맨해튼에는 없는 세탁기도 있다. 헤맨 세 시간의 억울함이 사르르 녹고 있다. 농부는 새벽부터 허리 한 번 못 펴고 모를 심는다. 잡초를 뽑는다. 추수를 하고, 돈을 번다. 말이 좋아서 여행자지 놀고먹는 떠돌이다. 그나마 노동이라고 우길 수 있는 날은, 오늘 같이 헤맬 때다. 인생 날로 먹지 않았다고 큰소리라도 칠 수 있게 됐다. 사서 고생한다는 말이 제일 듣기 싫다. 어떤 미친놈이 자기 돈 내고 끔찍한 고통을 살까? 고통은 어쩔 수 없이 오고, 가야 한다. 그 고통은 일부러 살 수는 없지만, 아예 없어서도 안 된다. 지금 마시는 이 차가 얼마나 향기로운지, 당신들은 모른다. 창밖의 이파리들이 이렇게까지 성의껏 흔들리는 것도 내 고통에 대한 화답이다. 죽으면 온전한 평화가 기다릴 것이다. 삶은 위태로워야 한다. 위태로움 속에서 인간이란 꽃이 핀다. 꽃으로 붉어져서, 한 잔의 차를 마신다.

참 좋은 생을 살고 있다.

아람 하차투리안을 아시나요?

- 짝

중학생으로 보이는 아이들이 나를 보자마자 달려들었다. 같이 사진 찍어요. 오냐, 오냐. 내가 셀카봉 카메라 버튼을 누르는 순간, 한 녀석이 다른 친구의 뺨을 사정없이 갈겼다. 맞은 아이는 때린 애를 쫓고, 때린 놈은 도망가며 웃었다. 나머지도 웃었다. 쫓던 녀석이 돌아오고, 때린 녀석도 돌아왔다.

- 노 파이팅(싸우지 마)

내 말에 맞은 아이도 때린 아이도 기운이 빠진다. 맞은 아이만 씩씩댄다. 이런 경우 맞은 아이가 끝까지 화를 내면 웃자고 친 장난에 죽자고 달려든 게 된다. 힘의 우위에 있는 놈이 아니면 절대로 시도할 수 없는 행동이다. 한 녀석만 즐거운 놀이다. 나는 맞은 아이가 된다. 어릴 때부터 형에게 맞으면서 컸다. 형은 맞고 울부짖는 나를 재밌어 했다. 심심해서 때리고, 반항한다고 때렸다. 맞다 보면 눈치라는 게 생긴다. 안 맞기 위해선 고분고분해져야 하고, 눈에 띄는 행위를 삼가야 한다. 언제나 눈을 바닥으로 깐다. 아무도 가르쳐 주지 않아도 공포는 저절로 학습된다. 가해자는 이런 치욕을 알까? 어머니는 형을 단죄하지 않으셨다. 내가 형에게 맞고 소리라도 지르면 싸운 게 됐다. 함께 맞았다. 어머니가 사라지면, 형은 또 때렸다. 나는 왜 이 작은 소동을 웃고 넘기지 못하는 걸까? 방에만 처박혀 있다가, 예레반의 진짜 모습을 보려고 시내까지 나왔으면서.

카페에서 밀크티를 주문했더니

– 덜 달게 타 드릴까요?

묻는다. 조지아에선 주문한 커피가 제때 나오기만 해도 감지덕지였다. 조지아와 아르메니아. 둘 다 옛 소련의 땅이었다. 앞서거니 뒤서거니 최초의 기독교 국가다. 집을 못 찾고 헤맬 때, 마트에서 물건을 정리하던 남자를 떠올린다. 가장 크고 예쁜 자두를 내게 줬다. 무거운 짐을 뺏어 들고는 집주인과 통화를 했다. 알아서 가겠다는 내 말을 못 들은 척했다. 내가 집을 찾아 들어가는 걸 보고서야, 가게로 돌아갔다.

– 이 음악 좀 들어 보실래요?

카페 사장이 나를 부른다. 레코드판이 가득한 카페였다. 턴테이블에 레코드판을 올리고는, 두툼한 헤드셋을 머리에 씌워준다.

– 아람 하차투리안이라고 알아요? 아르메니아 음악가예요.

아람 하차투리안. 아르메니아인이지만 조지아 트빌리시에서 태어났다. 가난한 제본소 아들은 생물학자 꿈을 접고, 뒤늦게 음악 공부를 시작한다. 러시아와 조지아의 민속 음악을 서양 음악에 접목한다. 수많은 교향곡과 관현악곡을 작곡했다. 78년 일흔

다섯 생일을 한 달 앞두고, 모스크바에서 숨을 거둔다. 오케스트라의 선율이 물엿처럼 휘감는다. 이를 어쩌나? 음악은 잘 들었는데, 땀으로 헤드셋이 축축하다. 닦을 틈도 없이, 카페 사장이 헤드셋을 채간다. 손으로 쓱쓱 헤드셋의 땀을 닦는다. 아니, 그걸 왜 손으로?

아람 하차투리안, 아람 하차투리안.

나는 아람 하차투리안을 좋아하겠다. 이유는 내 헤드셋의 땀을 카페 사장이 손으로 닦아줬기 때문이다. 그렇게라도 존재를 허락받고 싶다. 사랑받는다는 감정이 어떤 건지 잘 몰라서, 늘 배가 고프다.

예레반의 공화국 광장은 런던 트라팔가 광장을 닮았다. 메리어트 호텔과 하얏트 호텔이 양쪽으로 갈라져 있고, 정면으로는 푸른 물이 일렁이는 분수대가 보인다. 길거리 식수대에서는 차가운 물이 솟구치고, 아이가, 할아버지가 줄을 서서 시원한 물로 목을 축인다. 햄버거 식당에서는 에어커튼 냉기가 뿜어져 나온다. 덕분에 사람들은 이마트의 시금치처럼 싱싱해질 수 있다. 버스 정류장에서 한 가족이 나를 본다. 내가 손을 흔들어 주자, 아이들의

입꼬리가 하늘로 올라간다. 외국인이 드문 곳에선, 외국인이 선물이 된다. 아이는 나를 가까이서 보고 싶다. 아빠는 그런 아이를 제지하고, 아이는 운다. 나는 상냥하게 웃어주지만, 그러고 만다. 이 도시의 모든 사람이 나를 원할 테니, 공평하게 무심하기로 한다. 이렇게 아름다운 도시를, 한 번도 궁금해하지 않았다. 사람들이 안 오는 곳은 이유가 있겠지. 볼 게 없어서겠지. 그래서 조지아만 원했다. 남들의 생각에 전적으로 의지한 채, 호불호를 나눴다. 가보지도 않은 곳을 죄의식 없이 평가했다. 아르메니아에 오기 전부터 아르메니아가 실망스러웠다. 우중충하고, 쓸쓸한 옛 소련의 찌꺼기를 예상했다. 그 찌꺼기가 너무도 우아해서, 용서를 빌고 싶다. 이렇게 돌아다녀도 되겠냐고, 그런 자격이 있는 놈이냐고. 아람 하차투리안, 아람 하차투리안. 예레반이라는 도시는 거대한 첼로다. 내가 이 도시를 감지할 때마다 현을 들고 나직하게 켠다. 아람 하차투리안, 아람 하차투리안. 그의 이름이 맴돈다. 어딘가에서 음악 소리가 들리지 않나요? 바보처럼 의심하지 않겠다. 나에게만 들리면 된다. 내가 감지하면, 도시는 답을 한다. 그 공식을 미처몰랐다. 악만 썼다. 여행의 진정한 기쁨, 오늘부터 1일이다.

　여기는 아르메니아 예레반이다.

아르메니아에 온 인도 등신들

내가 뭘 잘 못 했다는 거야? 주인 없을 때 손님이 들이닥치면, 쫓아내라는 거야? 며칠 전에도 여기서 묵었다잖아? 자리를 비운 건 너야. 집에서 자는 거야 네 자유지만, 직원 한 명 없으면 손님은 어쩌라고? 아르바이트 둘 처지도 못 되는 거지? 하긴 하루 방값 5천 원에 뭐가 남겠어? 그러니 손님 한 명이라도 더 받으면 좋은 거 아냐? 새벽 다섯 시에 문을 두드리는데, 나가본 내가 잘못이야? 함부로 재우면 어떻게 하냐고? 함부로 재우다니? 재워도 되냐고 문자 메시지까지 보냈어. 처자느라고 메시지 확인 안 한 건 너야. 뭐? 나 때문에 10년은 늙어? 이 새끼가 말이면 다인 줄 알아?

- 아무나 들였다가 손님 물건이라도 없어져 봐. 이렇게까지 스트레스 받았던 날은 처음이라고.

슬립 스튜디오(Sleep studio). 이 싸구려 호스텔은 예레반 세 번째 숙소다. 아제르바이잔 바쿠에서 만났던 일흔일곱 살 니시무라 시게요시 씨도 여기서 재회했다. 이란인 컴퓨터 그래픽 디자

이너, 레바논 대학생, 벨기에 군인, 러시아 삼총사도 이리로 기어 들어 왔다. 삼총사는 새벽에 술을 마시자고 나를 졸랐다. 피곤하다니까 한 놈이 칼을 들고 왔다. 이 칼이 어디를 쑤실지 모른다며 낄낄댔다. 원래 곰을 찌르는 칼이지만, 사람 배에도 쑥쑥 잘 들어간다고 했다. 말로 옮기면 섬뜩한데, 분위기는 명랑했다. 숫기 없던 세 놈이 술이 오르자 내게 말을 걸고, 나와 어울리고 싶어 했다. 나는 무시하고 침대로 돌아갔지만, 배는 멀쩡했다. 사장은 저녁 열 시 퇴근해서 오전 열 시 숙소로 출근한다. 사장놈이 없을 때는 내가 사장이 된다. 거실과 주방의 불을 끄고, 페트병들을 쓰레기통에 버렸다. 나라도 정신 차리자. 아무도 이 숙소를 욕하게 둘 수 없다. 인정하기 싫지만 나는 이 숙소를 사랑하게 됐다. 다닥다닥 3층 침대가 세 줄, 한쪽 벽을 꽉 채운 캡슐형 도미토리다. 첫날은 누구나 여기는 어딘가? 나는 누군가? 어리버리해질 수밖에 없다. 이틀, 사흘이 되면 익숙해지고, 새로 온 어리버리 여행자가 귀여워진다. 새내기 여행자에게 이것저것 가르쳐 주다 보면, 인생 멘토로 존경까지 받게 된다. 내게 의지하는 조무래기들의 왕으로 군림하는 즐거움은 안 겪어본 사람은 모른다. 왕은 백성의 안위가 늘 걱정이다. 화장실은 깨끗한지, 설거지는 제대로 되어 있는지 살피고, 또 살핀다. 하루 5천 원 받아서 유지가 될까? 가난한 이 호스텔 걱정에 잠도 설치게 된다. 새벽에 문을 두드린 여행자를 재웠다. 돈 벌게 해줬더니 사장놈 말하는 것 좀 보라지. 뭐? 나 때문에 10년은 늙어?

공화국 광장에서 매일 분수쇼가 펼쳐진다. 꿈같은 분수쇼에 근심도 녹아 버린다. 음악에 맞춰 분수들은 더 높이 솟구치기도 하고, 파도를 타기도 한다. 입장료를 받는다고 해도, 매일 왔을 것이다. 분수 주위로는 사람들이 빽빽하다. 집중까지 해서 볼 필요 없는 예레반 사람들은 어슬렁 산책을 한다. 관광객들은 시시각각 바뀌는 분수에 빠져든다. 어떤 날은 고전 음악이 나오고, 어떤 날은 팝 음악이 나온다. 영화 음악이 내내 울려 퍼지기도 한다. 음악의 비트에 맞춰 물줄기가 춤을 추고, 사라진다. 오늘은 분수쇼가 끝나도 숙소로 바로 돌아가지 않을 참이다. 사장놈과 마주치기 싫다.

– 어이, 민우.

매일 이곳에서 마주치는 인도놈들이다. 믿기지 않겠지만 이들은 아르메니아가 미국(아메리카)인 줄 알고 왔다. 미국(America)이나 아르메니아(Armenia)나. 스펠링이 비슷하다는 이유로, 천만 원, 2천만 원을 사기꾼에게 뜯기고, 아르메니아에

왔다. 일이 없으니, 매일 분수쇼를 보러 온다. 이제 곧 관광 비자가 만료된다. 인도로 추방되어야 한다.

– 우리랑 여행 안 갈래? 비용은 다 대 줄게. 제발!

비자 연장을 위해 다른 나라를 다녀와야 한다. 최근에 번번이 재입국이 거절되고 있다. 한국 여권이 있는 나랑 같이 국경을 넘으면, 한국 사람이 내 친구요. 이 말 한마디로 무사할 거라고 믿는다. 인도 등신들이다. 박민우를 찾으러 분수 광장을 돌고 또 돌았겠지. 한국놈이 우리랑 같이 가줄 거야. 그렇게 믿었겠지. 분수의 물이 튄다. 아, 차가워. 스마트폰을 닦는다. 생각났는지 아들 사진을 보여준다. 인도의 아이들은 눈동자가 유난히 크다. 흰자위가 거의 보이지 않는 까만 눈으로 웃고 있다. 이제라도 정신 차려라, 이 멍청이들아. 동행자의 여권이 어떻게 너희를 무사히 통과시켜줄 수 있겠니? 평생 가난과 빚에 찌들어 살게 될 놈들. 너희를 아빠로 둔 아이들은 무슨 죄냐고? 호스텔 사장놈에게 애물단지가 됐다. 물줄기는 가늘게 나뉘어서 솟구치고, 용처럼 휘감아 올라가기도 한다. 붉어졌다가, 파래지기도 하고, 눈처럼 하얘지기도 한다. 우리는 하나같이 등신이다. 그새를 못 참고 분수쇼에 빠져든다. 인도 등신들은 추방될 것이다. 답이 없는 가난뱅이들아, 아메리카나 아르메니아나 그게 그거인 머저리들아. 형 말 똑똑히 들어. 아르메니아에 더 있는다고, 부자가 돼서 돌아갈 수 없어. 언제고 쫓겨날 거면, 지금 쫓겨나. 한 살이라도 젊을 때, 확실히 망한 놈이 되라고, 이 무능한 아빠들아, 빈손으로 돌아가서, 아이를 부둥켜안고 피눈물 흘리며 후회하기를, 그 아이를 보면서 다시 이를 악물기를. 그렇게 다시 시작하기를. 내 모든 예측을 비웃으며, 꼭, 꼭 일어나기를! 눈물이 뺨을 타고 내려왔지만, 분수가 튀긴 것이다. 그대로 놔두기로 한다.

발정난 사장놈 에이샷

– 민우, 여기서 뭐해?

호스텔 사장놈 에이샷이다. 루신, 유노나와 공화국 광장 주변을 걷는 중이었다. 루신은 자신의 유튜브 채널에 출연해달라고 했다. 루신은 크게 될 거야. 나를 알아주는 사람은 다 인재거든. 에이샷 이 새끼는 왜 갑자기 친한 척일까? 며칠 전에 온몸이 가렵고, 부풀어 올랐다. 베드버그였다. 침대 빈대가 출현하면, 숙소는 난리가 난다. 매트리스 전부 꺼내서 말리고, 소독까지 해야 한다. 에이샷에게 물집이 잡힌 팔뚝 사진부터 보냈다. 될 수 있으면 조용히 처리하자. 나름의 배려였다.

– 우리는 베드버그 없어.

그게 다였다. 이 등신아, 치료비라도 물어 달랄까 봐? 베드버그는 어디에나 있을 수 있어. 사람이 옮기는 걸 무슨 수로 막아? 손님 떨어져 나갈까 봐 약이라도 치라고 알려줬더니, 뭐? 우리는 베드버그 없어? 왜 이런 개좆 같은 곳에 마음을 줬을까? 아홉 개의 관 궤짝 같은 상자가 벽을 가득 채운 호스텔이다. 세 줄, 3층. 총 아홉 칸. 아홉 개의 상자가 침대이자 방이다. 올라가고, 내려가도 삐걱대지 않는다. 위층에서 뒤척여도, 아래층은 고요하다. 꽤잘 지은 관 궤짝이다. 3층 맨 구석이 내 관 궤짝이다. 커튼을 치면 오붓한 공간이 된다. 넓기까지 하다. 벽쪽이라 창으로 골목이 훤히 보인다. 공화국 광장까지 걸어서 15분, 매일 분수쇼를 보러 가기에 이만한 곳도 없다. 호스텔 앞 채소가게 사장도 나 보는 낙으로 산다. 갑자기 성룡이 사라지면, 누가 발차기를 보여준단 말인가? 채소가게 건너편 빵집은 모든 빵이 다 맛있지만, 으깬 감자가 가득 들어간 빵이 특히 맛있다. 그 맛있는 빵이 고작 600원이다. 신의 은총을 빵으로 증명하는 나라다. 1킬로에 천 원인 체리를 사고, 600원 감자 빵에 차를 곁들인다. 나는 정말 가난한가? 이런 만찬을 매일 먹을 수 있는 내가 어떻게 가난뱅이란 말인가? 에이샷이 퇴근하면, 빈 침대로 옮겼다. 이 칸에는 베드버그가 없겠지. 내 돈 내고 이 무슨 미친 짓이지? 이 가격에 이만한 숙소는 없으니, 더럽고 치사해도 머물 수밖에 없다. 서럽다. 내 설움의 원흉, 에이샷이 우연히 마주친 것뿐인데 거북할 정도로 아양을 떤다.

– 근처에 단골 이발소가 있어서 머리 깎고 왔어. 어때, 잘 어울려?
– (갑자기 뭐라는 거야?) 으응, 잘 어울려.
– 네, 잘 어울려요.
– 정말, 잘 어울려요.

에이샷은 매일 같은 옷이다. 집에서 샤워도 안 하는 모양이다. 그냥 입은 채로 자고, 그 꼴로 출근하는 게 틀림없다. 체취는 또 없다. 후각이 예민한 편인데, 이놈 때문에 숨쉬기 불편했던 적은 없다. 에이샷은 채식주의자다. 체취는 음식이 좌우하는 걸까? 치앙마이에서 썸 좀 탔던 프랑스인도 채식주의자였는데, 서양인 특유의 냄새가 없었다. 에이샷은 조금, 아주 조오금 나보다 잘 생겼다. 요즘 기준의 꽃미남은 아니지만, 고전 흑백 영화의 조연급 정도로 잘생겼다. 야쿠르트 아주머니 마음을 흔드는 신부님처럼 생겼다. 껍데기만 그렇다. 손님이 베드버그로 밤잠을 설쳐도 눈 하나 깜짝 안 하는 소시오패스다. 잠잠하던 물집이 부풀어 오른다. 네놈 앞에서 실컷 긁고 싶다. 이게 그 잘난 물증이다. 이 새끼야.

– 같이 한번 오세요. 제가 커피 대접할게요.

그렇게 헤어지고, 저녁 늦게 숙소로 돌아갔다. 에이샷이 벌떡 일어선다.

– 민우, 기다렸잖아. 왜 이제 와. 아가씨들은 같이 안 왔어?
– 그냥 일로 만난 사이야. 아가씨들은 집으로 갔어.
– 연락 한 번만 해주면 안 돼? 차 한잔만 하고 싶어.
– 내가 왜?
– 나, 사랑에 빠진 것 같아.

채식주의자는 성욕이 약한 줄 알았다. 발정난 씨돼지가 따로 없다. 콧구멍을 벌름대며 숨 가쁜 티를 낸다. 삶이 이리 재밌어도 되는 걸까? 씨돼지가 내게 매달리고 있다. 애걸복걸하고 있다.

- 한 번 물어는 봐줄게. 누구? 루신? 유노나?
- 너랑 이야기 많이 하던 아가씨가 루신이지? 루신. 나 루신이 좋아!

에이샷의 뭉클, 기습공격

– 민우, 너도 들었잖아? 머리 깎은 게 잘 어울린다고 하는 거.

– 그래서?

– 나만 좋아하는 게 아니라고.

– 그럼 잘 어울린다고 하지. 안 어울린다고 해?

– 새로 깎은 머리가 잘 어울린다는 말을 너도 들어놓고, 왜 그런 소리를 해? 연락만 한 번 해줘. 제발, 부탁이야.

사장놈 에이샷은 러시아어, 프랑스어, 영어, 아르메니아어를 10초마다 바꿔가며 구사한다. 뛰어난 언어 능력이 뇌세포의 대부분을 잠식했는지, 나머지 지능이 개돼지 수준이다. 더럽게 안 어울려요. 이렇게 말해야 자기에게 반하지 않은 게 된다. 이토록 자기중심적으로 멍청한 새끼는 또 처음이다. 나는 왜 안중에도 없는 거야? 루신이 나와 사귈 리는 없다는 거야? 나를 개무시하는 건 불쾌하지만, 애걸복걸하는 꼴이 참 보기 좋다. 일단 문자는 보내주마.

– 호스텔 사장이 놀러 오래요. 루신 씨에게 반했나 봐요.

- 저는 남자 친구가 있어요.

문자 메시지를 에이샷에게 내밀었다. 루신에게 한국인 남자 친구가 있다는 걸 나는 이미 알고 있었지롱. 더 고통스러워져 봐라, 이 새끼야. 내가 문자 메시지를 보내는 동안 에이샷은 파리처럼 손을 비벼댔다. 30대 후반이면 적은 나이가 아니다. 결혼한 줄 알았다. 내 앞을 왔다, 갔다, 누가 보면 첫아기의 탄생을 기다리는 아빠인 줄 알겠어. 고딩이야? 한 번 본 여자에게 어떻게 이렇게까지 끓을 수가 있지? 비아그라보다는 채식인가?

- 정말, 그렇게 말했어? 여기 온다는 얘기는 안 해?

소파에 털썩 주저앉더니 이마를 문지른다. 세상 모든 절망은 에이샷의 것이 됐다. 바쿠의 한국어 선생이 떠올랐다. 터가 안 좋은가? 이쪽 동네는 중간이 없다. 30분만에 사랑에 빠지고, 피가 마르는 게 이 동네 기본값이다. 갇혀버려서는 사랑뿐이다. 루신이 아니면, 이 저주는 풀 수 없다.

- 너, 손님들이랑 얼마나 잤어?

욕망의 씨돼지가 여자 손님을 가만 놔뒀을 리 없다.

– 주로 러시아 여자였어. 러시아 여자는 코카서스 남자를 좋아
해. 힘 좋은 진짜 남자라고 생각하거든. 예쁘면 일단 저녁을 먹자
고 해. 술까지 마시면, 거의 90프로는 넘어와. 여자용 도미토리 있
지? 손님 없으면 저 방에서 많이 했어.
– 내가 왜 물어본 줄 알아? 이걸 책에 다 쓸 거거든. 네가 혼자
오는 여자를 노린다는 것까지.
– 알아. 네가 글 쓰는 사람이라고 이야기했잖아. 너는 너의 해
석을 쓸 권리가 있어.

내 글을 읽고 누군가는 이 숙소에 묵을 것이다. 에이샷이 어떤
놈인지는 알려야 한다.

– 너는 너의 해석을 쓸 권리가 있어.

이 말이 여진처럼 나를 흔든다. 적잖이 뭉클하다, 거 새끼 입
좀 터는데? 빈대에 물린 손님을 나 몰라라 하던 놈 맞아? 마음껏
쓰라니? 겁이 없는 놈일까? 생각이 없는 놈일까? 사람들은 15만
원이 넘는 거금을 들여 뮤지컬을 보고, 비행기를 타고 월드컵을

응원하러 간다. 나는 그 돈으로 세상을 떠돈다. 에이샷 같은 놈을 만나기 위해서다. 나만 독점하는 공연이다. 사람이라는 일관성 없는 생명체가, 순간적으로 뿜어내는 에너지는 그야말로 장관이다. 감동까지 줄 의도는 없었을 것이다. 평생 못 걷던 글쟁이를 벌떡 일어나게 할 만한 한마디다. 에이샷이 냉동칸에서 아이스바를 꺼내더니, 나 하나, 자기 하나. 이 상황에 아이스바가 맞나 싶지만, 우린 열심히 아이스바를 핥는다. 너 정말 많이도 했구나. 섹스 무용담엔 아이스바가 최고다. 에이샷은 머리를 쥐어뜯는데, 나는 봄의 왈츠 어디쯤이다. 내가 더 나쁜 놈이란 게 점점 더 확실해지고 있다.

아르메니아 사람들을 소개합니다

아르메니아 사람들은 낭만주의자다

– 똑똑똑. 나야. 카리나!

첫 숙소에서 묵은 지 사흘째 되던 날. 카리나가 누구지? 올 사람이 없는데? 러시아에 있다던 집주인 카리나였다. 전날, 전전날에도 내게 메시지를 보낼 수 있었다. 그러지 않았다. 들이닥쳐서 문을 두드렸다. 내가 없었다면, 열쇠로 따고 들어왔을 것이다. 나의 팬티는 건조대에 주렁주렁. 주방 탁자를 끄집어내고 붙박이 의자에다 노트북을 올려놨다. 냄비에는 토마토, 양배추 수프가 반 정도 있었고, 설거지 안 한 그릇들이 개수대에 엉켜 있었다. 재빨리 바지를 입고 문을 열었다.

– 서프라이즈. 이 사람은 우리 이모.

60대로 보이는 여자와 함께였다.

– 왜, 온다고 미리 이야기를 안 했어?

나는 욕실과 화장실을 급히 살폈다. 탁자를 제자리로 밀면서, 약간의 치욕감을 느꼈다.

– 괜찮아. 괜찮아.

그녀는 괜찮다는 말을 여러 번 했는데, 진짜 괜찮은 모양이었다. 갑자기 들이닥치면 얼마나 놀라고, 재밌어할까? 호호호. 아르메니아 사람들이 이리도 낭만적이다. 그녀의 바람대로 나는 까무러칠 정도로 놀랐다. 직업이 변호사인 이 여자가 사이코패스만 아니기를 바랐다.

아르메니아 사람들은 손님을 막 대한다

채소 가게 주인은 손님이 우스운가 봐. 매일 웃어줬더니 만만해? 나만 가면 이소룡과 성룡 타령을 하기에, 흉내 좀 내줬다. 막대해도 된다는 쿠폰을 나눠준 적은 없다. 트럭에 있는 채소를 옮기라는 것이다. 내가 왜? 따지고 싶었지만 시키는 대로 했다. 감자 포대가 특히 무거웠고, 토마토도 만만치 않았다. 토마토와 양배추, 체리와 블루베리를 바구니에 담았다. 매일 와서 팔아주는 손님을 부려 먹어? 손에 힘이 안 들어가서, 돈을 꺼낼 때 떨리기까지 했다. 뭐? 5분 도와줬다고 돈을 안 받겠다니? 나한테 원하는 게 뭐야? 에휴, 알겠다. 알겠어. 성룡 발차기 한 번 더 해줬다. 자지러지게 웃는다. 나는 기쁨이고, 요정이다. 성룡 영화를 보면서 연습 좀 더하면, 웃다가 쓰러지겠지? 참고로 아르메니아 체리는 지구에서 가장 맛있다.

아르메니아 사람들은 남자 보는 눈이 높다

마트에서 사 온 감자칩을 벤치에 앉아서 허겁지겁 씹었다. 숨도 좀 쉬어가면서 먹고 싶었는데, 그게 잘 안 됐다. 두 명의 아르메니아 아가씨가 내 벤치에 앉았다. 왜? 왜? 옆에 빈 벤치를 놔두고, 하필 왜?

  - 먹을래?

개돼지처럼 보일까 봐 예의상 권했다. 이깟 감자칩 얼마든지 사 먹을 돈은 있단다. 부의 과시이기도 했다. 이제 스무 살이나 됐을까? 앳된 두 아가씨는 자신이 먹던 꿈틀이를 내밀었다. 내가 제일 싫어하는 지렁이 젤리다. 어디서 왔는지, 아르메니아가 좋은지 물었다. 저녁에 친구들과 파티가 있다고 했다. 나도 가도 돼? 이 말을 해달라는 눈치였다. 하필 이 아저씨는 게이란다. 우리랑같이 갈래? 이렇게 물어도 갈까 말까인데. 사람 봐가면서 밀당도해야지, 눈치는 좀 없는 아가씨들이다. 마침 친구 차가 왔고, 둘은차창으로 손을 흔들며 사라졌다. 이런 순간은 증인이 꼭 필요하다. 독자들의 불신이 이 페이지에 가득하다. 그럴 줄 알고 꿈틀이를 감자칩 봉지에 넣어뒀다. 이 흉물스러운 지렁이를 한국까지 가지고 가겠다.

여행사 일일 투어를 갔을 때 세 명의 여자가 조르르 내게로 왔다. 그중 한 명을 나에게 밀면서, 얘가 당신 좋아해요. 그랬다. 어쩌라고? 주변 남자들이 나를 째려본다. 일부러 모른 척했다. 남자들의 시기 질투가 얼마나 무서운지 나는 안다. 그 여자가 과자를 내게 줬는데, 그건 어쩔 수 없이 먹었다. 쟤는 남자 친구가 없어서 고백이라도 해보는구나. 여자들 표정은 대체로 그랬다. 아르메니아 여자는 내면의 가치는 개나 줘버리고, 외모만 본다. 눈만 높다. 큰일이다.

아르메니아에서는 가족끼리 접착제로 붙이고 다닌다

아이들 손이 늘 부모나 할아버지, 할머니에게 붙들려서는 원숭이처럼 길어지고 있는 나라다. 농담이 아니라, 아르메니아인의 팔은 5cm 정도 더 길 것이다. 부모나, 할아버지, 할머니 손에서 떨어질 줄 모른다. 아르메니아 아이들도 외모지상주의에 절어서 나만 보면 달려든다. 속없는 부모들은 그저 웃기만 한다. 동생이 나와 먼저 사진을 찍었다고 형이 엉엉 운다. 애를 달래든 혼내든 해야지. 왜 내가 그 아이를 웃겨야 하냐고? 아르메니아인에게는 종교가 두 개다. 기독교와 가족.

아르메니아에는 천재들만 산다

 루신은 여행 가이드다. 한국어가 유창하다. 인스타그램으로 연락이 왔다. 수원에서 2년 머물면서, 아주대학교에서 공부한 게 전부다. 아제르바이잔 바쿠의 사랑꾼 선생보다 훨씬 완벽한 한국어를 구사한다. 거의 한국인이다. 동생처럼 지낸다는 유노나와 셋이서 와인을 마신 적이 있다. 유노나는 전주에서 교환학생으로 공부 중이다. 우리는 한국어로만 이야기했다. 그렇게 짧은 기간에 어찌 이리 완벽한 한국어를 구사할까? 10년을 머물면서 태국어 까막눈인 나 자신이 너무도 부끄럽다. 화도 난다.

 마리암 역시 가이드다. 일일 투어 때 만났다. 영어와 러시아어는 동시통역사 수준이고, 한국어는 재미로 공부 중이라고 했다. 떠듬떠듬 한국어로 나와 대화했다. 그날 미국 보스턴에서 온 아르메니아인과 러시아 모스크바에서 공부 중인 아르메니아인이 차 안에서 30분 이상을 떠들었다. 다른 나라에 사는 아르메니아인으로서 얼마나 반가웠을까? 가이드 마리암에게 물었다. 무슨 이야기를 저렇게 오래 하는 거야?

114

- 물리학 이론이 있는데, 그걸 검증하는 방법이 여러 가지가 있대. 나도 무슨 소린지 모르겠어.

아르메니아가 이렇게나 무서운 나라다.

제노사이드, 아르메니아인 전부를
죽이고 싶었던 튀르키예

분수쇼가 펼쳐지는 공화국 광장 주변에선 외국인들이 연예인이다. 아르메니아인들은 중국인, 인도인, 유럽인들과 꼭 기념촬영을 해야 한다. 반갑습니다. 어서 오세요. 환영합니다. 이렇게 정중하게 우호적인 나라가 또 있을까 싶다. 아르메니아는 갇혀 있는 나라다. 바다가 없다. 철천지원수 튀르키예와 아제르바이잔(두 나라는 형제 나라다)에 둘러싸여 있다. 아제르바이잔 영토 안에는 나고르노-카라바흐 공화국이 있다. 아르메니아이고 싶지만, 아제르바이잔에 속해 있다. 섬처럼 고립된 나라다. 이 땅이 독립을 선언하면서 120만 명의 난민이 생기고, 3만 명이 죽어 나갔다. 1994년에 휴전했으니 25년 전 일이다. 조지아와 이란이 이웃이긴 하지만, 조지아와도 썩 친하지는 않다. 조지아마저 없으면 무역로가 아예 봉쇄된다. 얄밉다고 끊어낼 수도 없다. 기독교 국가로서 이슬람 국가들과 맞서며 동지애라도 있을 법한데, 아르메니아인들과 조지아인은 서로를 배신자라며 으르렁댄다. 이슬람을 믿는 아제르바이잔을, 조지아는 허락했다. 그런 조지아가 아르메니아에겐 씻을 수 없는 상처다. 조지아는 러시아와 최근에도 전

쟁을 불사할 정도로 대립 중인데, 아르메니아는 러시아편이다.

끊임없는 외세의 시달림, 고유의 문자, 특유의 영리함. 아르메니아인과 우리 민족은 놀랍도록 닮았다. 주변은 강대국뿐이다. 러시아, 튀르키예, 이란. 게다가 몽고도 아르메니아를 침략했었다. 초강대국들 사이에서 꿋꿋이 살아남았다. 우리에게 백두산이 있다면, 아르메니아인에겐 아라랏산이 있다. 노아의 방주가 피신을 했던 바로 그 산이다. 그런 산을 튀르키예에게 빼앗겼다. 예레반 어디서나 아라랏산이 보이지만, 갈 수는 없다. 독일 나치의 유대인 학살은 누구나 안다. 아르메니아의 비극은 아는 사람만 안다. 우리에게 우방국인 튀르키예는 아르메니아인을 백만 명 이상 죽였다. 대부분의 나라가 쉬쉬한다. 오스만 제국(유럽 동남부, 서아시아, 북아프리카에 걸친 거대한 제국)시절만은 못해도, 튀르키예는 여전히 강국이다. 경상남북도를 합친 크기의 아르메니아가 비벼볼 상대가 아니다. 튀르키예는 1차 세계 대전의 비극일 뿐이라 주장한다. 피난을 가다 죽은 사람들인데 왜 튀르키예 탓을 하냐는 것이다. 오로라라 불리는 아르메니아 소녀는 1917년 구사일생으로 뉴욕으로 망명한다. 가족과 친구들이 모두 죽어야 했던 어린 시절을 담담히 회고한다. 그녀의 이야기를 담은 〈영혼의 경매(Ravished Armenia)〉, 이 책은 39만 부 이상 팔려나갔다.

- 소녀를 뾰족한 십자가에 강제로 앉게 했어요. 몸이 뚫리면서 죽어갔죠.

  책 본문 내용이다. 오스만 제국 시절 미국 대사 헨리 모건소는 이렇게 증언한다.

- 뜨거운 못뽑이로 살점을 찢은 후에 끓는 버터를 부어 고문했죠. 손발에 못을 박아 예수님 흉내를 내게 하고는, 너희 신에게 구해달라고 해봐. 고통 속에 죽어가는 아르메니아인들을 조롱했습니다.

  세계 1차 대전이 발발하면서 민족주의가 전 세계를 휘덮는다. 발칸반도의 세르비아가 자치권을 얻고, 그리스가 독립을 했다. 모두 오스만 제국의 땅이었다. 오스만 제국은 침몰하는 타이타닉이었다. 우리도 독립을 원한다. 아르메니아는 그 어떤 나라보다 독립이 어울리는 나라였다. 노아의 방주가 피신한, 하늘이 선택한 민족이다. 로마보다 12년 일찍 기독교를 국교로 삼았던 나라이기도 하다. 세계 최초의 기독교 국가가 이슬람 제국에서 탈출하고픈 건 너무도 당연했다. 이스탄불의 부와 권력은 사실 아르메니아인들의 것이기도 했다. 수완 좋고, 성실한 아르메니아인은 돈의

달인이었다. 부유한 나라를 건설할 능력을 이미 갖추고 있었던 것이다. 러시아는 오스만 제국의 땅을 야금야금 파고든다. 오스만 제국은 보이는 게 없다. 러시아를 도와 독립을 꿈꾸는 아르메니아인을 보고만 있을 수 없었다. 궁지에 몰린 짐승이 가장 잔인하다. 어릴 적 투견대회를 본 적 있다. 수세에 몰린 개는 상대 개의 목을 문다. 이미 죽었는데도 이빨만은 상대 목에 깊게 박혀서 빠지지 않았다. 튀르키예(오스만 제국)는 죽어가는 개였다. 뭐라도 물어뜯어야 했다. 아르메니아 남자들을 무조건 죽였고, 노인과 여자는 사막으로 쫓았다. 시리아로, 이라크로 향하던 그들은 모래바람 속에서 굶어 죽었다.

예레반의 제노사이드(인종이나 종교가 다르다는 이유로 대량학살을 하는 것) 박물관에서 사진 한 장을 본다. 한 노인이 아들의 해골을 들고 있다는 해설을 읽는다. 아비의 꿈은 작고 작아져서, 해골을 발견한 그 날은 기쁜 날이었을 것이다. 흘릴 눈물이 없어, 그저 담담한 표정이다. 노인을 대신해서 사진과 마주한 이들이 눈물을 닦는다. 먼저 죽은 자식의 해골, 상상으로라도 근접할 수 없는 아픔이다. 나는 그 누구보다 오래 눈물을 흘리며 서 있었다.

아르메니아인들은 외국인이 반갑다. 적국들로 둘러싸인 자신들을 찾아주는 손님이다. 아르메니아를 홀로 여행한다는 건, 거대한 외로움에 작은 외로움을 얹는 것이다. 거대한 아픔에, 작은 내 아픔을 녹이는 일이다. 울어본 사람들끼리만 여는 눈물의 축제다. 공화국 광장의 분수는 그런 눈물이 모인 것이고, 출렁이는 분수는 비극의 다른 이름이다. 아파 본 사람들은, 아픈 자를 가만 놔두지 않는다. 그래서 분수쇼를 보러 온 여행자들이 아르메니아인들에게 붙들려서는 기념촬영을 하게 되는 것이다. 상처가 모이면, 그게 또 빛이 된다. 솟구치는 분수가 말도 안 되게 반짝이는 이유다.

아르메니아에 대해서 당신이 알면 좋은 것들

예레반, 도시가 하나의 작품

인류 역사상 가장 오래된 도시 중 하나. 소련 최초의 계획도시이기도 하다. 알렉산더 타마니안이 도시 계획을 주도했다. 도시를 원형으로 디자인하고, 아라랏산 방향으로 도로를 깔았다. 어디서나 아라랏산을 볼 수 있는 이유다. 공중에서 보지 않는 이상, 원형

의 디자인은 사실 의미가 없다. 땅바닥에서 봐도 예쁜 도시다. 정 갈하고, 반듯하다. 엄청나게 많은 크고 작은 분수를 모두 돌아볼 것. 예레반은 분수의 도시다. 응회암은 핑크빛을 띠는데, 그 응회 암으로 지은 건물들이 예레반 시내를 채운다. 수분을 가득 품은 꽃분홍의 도시다.

캐스케이드 Yerevan Cascade

예레반을 대표하는 건축물. 도시를 설계한 알렉산더 타마니안의 또 다른 걸작이다. 아직도 공사 중인 미완의 건축물이기도 하다. 캐스케이드 초입엔 거대한 석상이 있다. 남자가 도면을 보는 모습인데, 그 남자가 바로 알렉산더 타마니안이다. 500개 이상의 석회암 계단으로 이루어졌다. 일곱 개의 에스칼레이터를 타고 올라갈 수도 있지만, 계단으로 올라가는 쪽이 좀 더 여행답다. 천천히 올라가면 30분 정도 걸린다. 정상에서 내려다보는 예레반은 당연히 아름답다. 해 뜰 때, 해질 때는 더 아름답다. 사이사이 흥미로운 조형물도 많다. 캐스케이드 입구 쪽은 고급 식당가다. 스테이크와 와인 한 잔이 아주 잘 어울리는 곳.

타테브 수도원 Tatev Monastery

예레반에서 250km 떨어진 곳의 수도원. 차로 가면 네 시간에서 다섯 시간 정도 걸린다. 투어(페이스북에서 One way tour를 검색하자)를 하거나 차를 렌트해야 한다. 아르메니아의 자연이 얼마나 아름다운지 확인할 수 있다. 케이블카에서 내려다보는 웅장한 풍경은 별다섯 개로도 모자란다. 차를 렌트하면 인생 여행이 될 것이다. 아르메니아 인심은 간 쓸개 다 빼 주고도 남는다.

공화국 광장 분수 Dancing fountain

공연 시간은 무려 두 시간. 세계 3대 분수(두바이, 라스베이거스, 바르셀로나)를 보지 못해 직접 비교는 못 하겠다. 다른 이들의 후기를 보면 두바이 빼고는, 충분히 비벼볼 수 있는 수준이라고 한다. 개인적으로 웬만한 뮤지컬보다 감동적이었다. 공짜로 볼 수 있는 쇼 중엔 전 세계 다섯 손가락 안에 들지 않을까 싶다. 매일 분수쇼만 봐도, 예레반은 본전 뽑고도 남는 도시다.

제노사이드 박물관 The Armenian Genocide Museum

아르메니아인을 이해하기 위한 필수코스. 피의 기록이 그곳에 있다. 살기 위해 탈출했던 전 세계 아르메니아인들(약 9백만 명의 아르메니아인이 전 세계에 흩어져 살고 있다. 아르메니아 본토 인구는 약 3백만 명)이 자신의 가족을 데리고 이곳을 찾는다. 비극은 여전히 진행형이다. 튀르키예에는 아직도 많은 아르메니아인들이 종교를 감추고, 신분을 속이며 살아간다. 튀르키예인인 척, 이슬람인인 척 산다. '척'도 오래되면, 삶이 된다. 많은 이들이 그렇게 이슬람인이 됐다. 그들에게 종교가 어떤 의미인지를 알기에 더 아프다.

살구와 토마토, 체리와 블루베리

과일이 정말 맛있고, 싸고, 신선하다. 자주 먹으면 체질 개선도 가능하다. 쾌락 중에 유익한 것들이 많지 않다. 아르메니아에서 과일 먹기는 바람직한 쾌락이면서, 심지어 저렴하다. 살구는 아르메니아의 국기 색에 포함될 정도로 국민 과일이다. 이렇게 과육이 두툼한 살구는 처음이다. 과일 안 좋아하는 내가, 매일 과일로 살았다.

Dargett Craft beer

아니 이런 곳도 있었어? 예레반 막바지에 발견한 곳. 주말이면 들썩들썩 난리도 아니다. 건너편의 작은 공원도 매력적이다. 풀떼기로 만든 피아노와 코끼리, 작은 분수들이 그곳에 있다. 주말의 흥으로 술렁이는 곳이다. 식당을 중심으로 주변의 분위기를 추천한다. 예레반을 다시 간다면 가장 먼저 달려가고 싶은 곳.

내 발로 다시 기어 들어간 지옥, 조지아

조지아, 너는 이제 뒈졌어. 눈부터 깔아, 이 자식아. 이토록 사랑스러운 아르메니아를 떠난다는 사실에 화가 난다. 화가 나. 조지아에 미련을 못 버린 내가 똥멍청이지. 주택가는 타버린 돼지비계처럼 거뭇할 테고, 다크서클 조지아 놈들이 좀비처럼 걸어 다니겠지. 신호등을 한참 찾아야 하고, 없는 신호등을 괜히 찾았군, 후회하며 무단 횡단을 하게 되겠지. 기대가 없으니, 실망도 없겠네. 그래서 고맙다고 절이라도 할까? 승합차 버스로 국경을 넘자마자, 우중충해지는 꼴 좀 봐! 미쳤지. 이런 나라를 내 발로 기어들어 오다니. 트빌리시만 별로였던 건 아닐까? 창밖의 을씨년스러운 풍경이, 나의 어리석은 기대를 비웃고 있다. 적당히 후줄근하기만 해도 누가 뭐라나? 내가 인도를 안 가 봤나? 미얀마의 깡촌을 안 가 봤나? 유령 마을에 빨래가 널려 있고, 창밖으로 불빛이 새어 나온다. 유령이나 좀비가 아니라 진짜 사람이 산다는 게 기가 막힌다. 조지아가 끝내준다던 인간들 하나하나 찾아가서 멱살을 잡고 싶다.

트빌리시에 도착하자마자 잠시 당혹스럽다. 반가운 기분은 뭐지? 미운 정도 정이라 이건가? 트빌리시가 사실 더러운 도시는 아니다. 길바닥에 쓰레기나 개똥은 없다. 중심가만 빼곤, 도대체가 가꾸지를 않는다. 처음 지어진 그대로의 담장과 지붕을 방치한다. 누렇고, 거뭇한 집들에 포도 넝쿨이 잡초처럼 얹어져 있다. 공동묘지가 맞는데 집이라 우긴다. 거실과 방은 깜짝 놀랄 만큼 멀쩡하다. 여행자에겐 겉모습이 다다. 그래서 트빌리시가 참 못생겨 보인다. 여전히 무표정한 사람들뿐이지만, 악의가 느껴지지는 않는다. 무려 5만 원짜리 방에 짐을 푼다. 5천 원 도미토리가 마침 풀부킹이었다. 홧김에 근처 4성급 호텔로 들어갔다. 전 재산의 20분의 1을 하루 방값으로 쓰겠다. 거지 같은 곳만 돌아다녀서, 거지 취급을 받았던 건 아닐까? 돈을 쓰면 친절한 트빌리시도 보이겠지. 이 가격에 4성급 호텔에 묵는다는 게 횡재라는 것쯤은 안다. 물렁물렁하지도, 단단하지도 않은 매트리스, 창밖으로 펼쳐지는 비싼 조망, 섬유 유연제 향 낭랑한 침대보. 방만 좋아져도, 장소가 달라 보인다. 이렇게 간사한 인간이, 함부로 여행지를 평가하는 게 맞는 걸까? 내 기억 속 트빌리시보다 어째 훨씬 말끔하다.

– 축하합니다. 단돈 4라리에 4기가 바이트를 드립니다.

국경을 넘으면 유심칩부터 갈아 끼운다. 아제르바이잔에서 트빌리시로 넘어오자마자 샀던 유심칩이다. 메시지가 뜬다. 4라리(1,600원)에 4기가. 에이, 설마? 4기가면 한 달도 쓴다. 1천6백원에 한 달 쓸 데이터를 준다고? 트빌리시 어디에나 모니터가 달린 단말기가 있다. 교통카드도 충전하고, 공과금도 납부하며, 스마트폰 데이터도 충전할 수 있다. 조지아가 나만 오기를 기다렸구나. 이깟 돈 몇 푼으로 나를 기쁘게 하다니, 이 요망한 것, 잔머리 굴리는 것 좀 보라지.

– 액수가 모자랍니다.

4라리도 아니고, 5라리를 넣었다. 그런데 부족하다니? 단말기 새끼야, 뭐를 착각한 거야? 이럴 땐 호텔 직원에게 묻는 게 최고다. 스마트폰에 뜬 메시지를 보여줬다.

– 저번에 돈 안 내고 쓴 데이터가 있었네요. 그것부터 차감했대요.

오오! 다정하시고, 친절하신 통신사님께서 외상을 주셨구나. 잔액이 없으면 서비스를 끊을 일이지, 이제라도 삥을 뜯으시겠다? 트빌리시에서 20라리 지폐를 넣은 적이 있다. 5라리만 충전했는데 잔돈이 안 나왔다. 이 놀라운 첨단 기계는 거슬러 주는 기능이 없다. 15라리를 꿀꺽한 건 아니고, 15라리 만큼 데이터가 남았다고 했다. 며칠 지나니까 데이터를 다 썼다는 메시지가 떴다. 15라리를 벌써? 호구인 나는 즉시 돈을 갖다 바쳤다. 며칠 후에 또 데이터가 없다는 것이다. 뭐가 뭔지 모르겠지만, 넣으라면 넣었다. 그랬는데 돈을 부족하게 바쳤다고 통신사님께서 후불제 혼꾸멍을 내신다. 조지아는 좋은 나라인데, 인연이 아니었던 것뿐. 애써 긍정 좀 하려는 나에게 초를 친다. 4라리를 또 넣으면 되는 거지? 하라는 대로 하는 이유는, 이 여행이 소중하기 때문이다.

- 축하합니다. 1기가 바이트를 구입하셨습니다.

1기가 바이트? 4기가 바이트라며?

- 예전에 4라리로 1기가 바이트를 구입한 적이 있어서, 자동으로 1기가만 구입이 됐대요. 우리는 그래서 비라인(Beeline) 잘 안 써요. 막티(Magti) 통신사가 제일 좋아요.

호텔 직원은 나를 도와준 것뿐인데, 말투 하나하나가 거슬렸다. 그렇게 1기가 바이트가 충전이 됐다. 잠시 뿌옇던 트빌리시는 언제 그랬냐는 듯이 칙칙해졌다. 이 1기가 바이트를 충천하기 위해 내 영혼은 만두에 넣을 두부처럼 짓이겨졌다. 유황 온천이 근처지만 귀찮다. 다 귀찮다. 컵라면 하나 먹고 자야겠다. 호텔 근처 마트는 세일기간인지 북적북적. 다크서클 좀비들 뒤로 줄을 선다. 계산대 직원 한 명이 계산기를 끈다. 퇴근 시간인 건가? 갑자기 줄이 하나로 합쳐진다. 그 사이를 안 놓치고, 한 노인이 새치기를 한다. 한 아주머니가 소리를 지른다. 어디서 새치기야? 여자 경찰은 싸움 구경도 안 하고 맨 앞으로 가서는 초코바를 던진다. 알아서 계산해. 여자 경찰에겐 모두가 고개를 숙인다. 조지아는 지옥이야. 이 지옥에 제 발로 기어 들어온 내가 미친 새끼다. 아르메니아로 돌아갈 용기가 없다면, 그냥 닥치고, 견뎌라. 대가리에 똥만 가득 찬 박민우 새끼야.

– 씨발 조지아야아아아아아아아

살기 위해서 하는 욕이다. 신도 정상참작이란 걸 할 줄 안다면, 내 더러워진 입을 인두로 지지지는 못할 것이다.

웨하스, 곰팡이, 바다 - 방구석 명상

중년의 여자가 침대 보를 씌운다. 곰팡내가 은은하다. 내내 빈 방이었구나. 머리숱이 거의 없는 남자가 아귀힘을 꽉 주며 악수를 한다. 좁은 방으로 묵직한 탁자를 들여놓고(내가 거들었다), 마당의 기다란 그네 의자에 커버를 씌운다. 비가 오는데, 굳이? 천커버가 빗물을 쭉쭉 빨아들이는 친절은 누굴 위한 것일까? 이곳은 로라 게스트하우스. '로라'로 추정되는 여자가 베갯잇을 씌우는 동안 남자는 주방으로 나를 안내한다. 손님용 주방은 정원에 있다. 화분과 나무는 관심을 듬뿍 먹고 자란 티가 난다. 남자는 갑자기 푸틴 욕을 한다. 조지아와 러시아 사이가 이렇게 된 건 푸틴 탓이다. 성수기 7월에 손님은 꼴랑 한 명. 뜻대로 되는 게 하나도 없다.

– 바투미를 알려면 일주일은 있어야지.

'일주일 머물러 주시오'로 들린다. 나는 이 방을 에어비엔비로 예약했다. 메시지를 보내도 묵묵부답, 게으르고, 무뚝뚝한 집주인은 이왕 온 손님, 오래 머물기를 바란다. 방은 깨끗하고, 대신 눅

136

눅하다. 매트리스에 등을 튕겨 보다가 재킷을 걸친다. 슬리퍼에 발가락을 밀어 넣는다. 3백 미터 정도 걸었더니 작은 가게가 나온다. 무게로 파는 포장지 없는 웨하스를 산다. 밤 열한 시 토끼처럼 오독오독 웨하스를 씹는다. 처음 세 개만 맛있다. '음식 버리면 천벌 받는다'. 어릴 적 무시무시한 협박이, 오십 넘은 나를 놔주지 않는다.

늦은 아침 눈을 뜨자마자 러시아 글자로 도배된 팔도 도시락을 먹는다. 잔다. 눈을 떴다가 다시 감는다. 계속 잘 수 있을 것 같다. 아침까지 잔다. 이틀이 지나 버렸다. 눈꺼풀을 치켜뜰 정도의 힘만 남았다. 예레반에서 만났던 창백한 폴란드 청년이 떠오른다. 탈수증으로 끙끙 앓던 그는 예레반을 저주했다. 인도 함피에서 만났던 크로아티아 여자도 함피에 치를 떨었다. 몸이 만신창이가 되면 다 싫어진다. 멕시코시티나 칠레 아타카마 사막, 이구아수 폭포엔 별다른 애정이 없다. 배탈로, 열병으로 창백해져서는 풍경을 째려봤다. 어디가 제일 좋았나요? 가장 많이 받는 질문이다. 아프지 않았을 때의 칠레 토레스 델 파이네, 아르헨티나 부에노스 아이레스, 콜롬비아 살렌토가 좋았다. 나의 좋고, 싫음은, 당신의 좋고, 싫음은 참으로 허접하다. 그래도 부지런히 좋아하고, 싫어해야 한다. 어딘가에 닿기 위한 몸부림이다. 우리의 변덕은

죄가 없다. 의미 있는 어리석음이다. 피곤이 가시길 기다린다.

방에서도 바투미의 바다가 보인다. 5분이면 닿을 거리. 해변을 거니는 대신 유튜브로 뮤직비디오를 보고, 옛날 드라마를 본다. 유튜브에 올릴 영상은 손도 못 대고 있다. 찍어놓은 영상을 자르고, 붙이고, 음악 깔고, 자막 넣고, 더빙만 하면 되는데, 도저히 못하겠다. 유튜브는 나를 구원할 마지막 희망이다. 매달리기로 해 놓고는, 미루기만 한다. 이제는 재미없어진 '영국 남자(유튜브 채널 이름)'를 보고, 우울한 뉴스를 일부러 찾아서 본다. 내 자유를 방에 가두고, 가위에 눌린다. 빨아놓은 속옷이 없다. 에콰도르에서 산 알파카 바지 안엔 고추만 덜렁. 토마토와 당근을 사러 간다. 스무 살 때는 자만했고, 서른엔 모든 게 두려웠다. 그렇게 불안해하지 말걸. 머리털이 우수수 빠질 때 밤잠을 설쳐가며 원형 탈모 정보를 검색했다. 그 불안이 나를 남미로 내몰았다. 나약함도 쓸모가 있다. 이 무력감도 분명 용도가 있을 것이다.

깜빡깜빡

눈을 깜빡이는 이유가 문득 궁금하다. 창문으로 그네가 보이고, 전깃줄이 보이고, 너머, 너머에 손바닥만큼의 바다가 보인다.

깜빡깜빡

보겠다는 걸까? 보지 않겠다는 걸까? 바투미는 내일부터 놀
라울 것이다. 실망스러운 여행지는 존재하지 않는다. 좋아하는 걸
아직 찾지 못했을 뿐…. 감고 싶지만, 뜬다. 뜨고 싶지만, 감는다.

깜빡깜빡

2천 원의 기적 도나 베이커리

간다고 말은 해야 하지 않나?

로라 게스트하우스에서 사흘을 머물고, 짐을 싼다. 마당 딸린
주방에서 찻물을 끓일 때, 인기척을 느꼈다. 재빨리 탁자 밑으로
몸을 숨겼다. 인기척의 주인공은 집주인 남자였는데, 그때 내 쪽
으로 왔다면, 그래서 숨어 있는 나를 발견했다면 뭐라 생각했을
까? 다행히 그는 나를 보지 못했다. 떠돌이로 20년째다. 열 권의

여행기를 썼다. 얼핏 여행기로 보이지만, 사실 사람 이야기다. 여행 중 인연이 내 책의 핵심이다. 이젠 다 귀찮다. 불친절한 조지아 놈들에게 살기를 느끼지만, 친절한 조지아 사람(가끔이지만)도 달갑지 않다. 침대 위에 열쇠를 놔두고 일어선다. 주인집 방문 두드리고, 잘 묵고 갑니다. 시내에 있는 게스트하우스로 옮겨요. 이 집이 싫어서가 아니라, 사람들과 어울리고 싶어서요. 주절주절 변명하고 싶지 않다. 게스트하우스 도미토리에서 자면 어떤 놈은 코를 골고, 어떤 놈은 삐걱삐걱 섹스도 한다. 대신 저렴하고, 외롭지 않다. 누군가가 혹시 말이라도 걸어 주면, 사력을 다해 지껄일 참이다. 외로움을 즐긴다면서, 무인도에서 살 생각은 해본 적 없다.

해변을 따라 일직선으로 닦여 있는 길로, 자전거와 마차, 사람들이 오고, 간다. 온몸을 휘감은 이슬람 여자들도 보인다. 까만 자갈과, 낮은 구름, 맥주 거품 같은 파도, 빙 둘러싼 낮은 산, 빨갛고 하얀 파라솔. 80년대 코닥 필름의 화질로, 방치된 놀이 공원의 색온도로 바투미가 일렁인다. 안 올까도 생각했다. 오기를 잘했다.

이슬람국가는 도박을 엄격히 금지한다. 그래서 국경을 넘어 바투미로 온다. 튀르키예, 아제르바이잔에서 온 손님들이 카지노에서 일확천금을 꿈꾼다. 돈은 아무리 많아도 충분치 않다. 도박이 짜릿한 이유다. 재벌들도 마른침을 삼키며 판돈을 건다. 바투미는 흑해의 마카오를 꿈꾼다. 트빌리시의 찌든 몰골이 바투미엔 없다. 호사스러운 유럽의 신도시 어디쯤 같다.

조지아가 맛있는 나라라고들 하는데, 조지아 만두 킨칼리는 비비고 선에서 정리된다. 킨칼리는 만두피가 두껍고, 대단히 짜다. 문화의 상대성이고 나발이고, 비비고는 위대한 문화유산이다. 이제라도 국립중앙박물관에 모셔 뒀으면 한다. 미래의 만두 예술가가 CJ 공장을 다녀간 걸 이실직고하라. 오뚜기, 풀무원도 공범이다. 문화재급 만두가 왜 공장에서 대량으로 찍혀져 나오고 있는데, 왜 UFO나 타임머신을 의심하지 않는가? 터무니없이 게으른 세상이다.

치즈와 달걀을 올린 조지아식 계란빵 하차푸리 역시 과하게 짜다. 러시아에서 제조된 팔도 도시락이 제일 맛있다. 러시아 팔도 도시락은 여러 버전이 있다. 그중 마요네즈가 별첨으로 들어간 도시락이 있다. 누가 기름 둥둥 라면을 먹고 싶겠어? 마요네즈 스프를 쭉 짜 넣기 전까진, 나 역시 상식적인 분노로 혈압 좀 올랐다. 국물이 갑자기 바이칼호수처럼 깊어진다. 백조의 호수 발레단의 토슈즈처럼 우아하고, 러시아 장편 소설처럼 여운이 길다.

마요네즈탕 도시락면 때문에 시베리아 항공 보유국 러시아가 궁금해졌다면 믿겠는가? 마요네즈가 질질 흐르는 만두라든지, 제육을 갈아 넣은 초코파이가 러시아 어딘가에 있을 것만 같다. 러시아로 당장 날아가 역겹지만 재미난 음식 백 개 정도를 클리어하고 싶다.

숙소가 얼마 남지 않았는데, 당이 떨어진다. 도나 베이커리(Dona Bakery and Sweets)라는 케이크 전문점이 주변 맛집으로 뜬다. 사람들로 북적북적, 크림과 체리로 범벅이 된 케이크들이 동화 속 한 장면처럼 신비롭고, 풍요롭다. 모든 조각 케이크가 2천 원을 넘지 않는다. 에클레어(크림으로 속을 채운 길쭉한 페이스트리)는 심지어 6백 원이다. 우리나라 조각 케이크 하나 값으로 커피 한 잔과 두 개, 혹은 세 개의 케이크를 먹을 수 있다. 내일 지구가 멸망할 것처럼 퍼주는 가게로군. 손님은 30분을 넘기지 않고, 1인 1케이크를 해치우고 서둘러 일어선다. 퇴근했으니까, 기분이 별로여서, 아내와 싸우고 케이크를 찾는다. 조지아 별거 없던데? 이랬던 나에게 도나 베이커리는 일종의 분기점이다. 초콜릿으로 코팅된 건 별로였지만, 끝까지 애정하겠다. 2천 원 케이크는 맥주 거품 흑해나, 구름 뚫는 석양 따위가 나댈 상대가 아니다. 매일 와도, 아무리 먹어도 통장 잔고가 줄어들지 않는 마법이다. 아무리 불친절해도, 날씨가 좆같아도 2천 원 케이크라면 누구라도 고분고분해져야 한다. 나는 조지아를 사랑한다. 아니 사랑하겠다. 신은 바투미에서 케이크를 빚고 계셨구나. 도나 베이커리 신도가 되어, 엄숙하게 저녁 케이크까지 포장한다. 이젠 모든 끼니를 케이크로 때우겠다. 호적을 파서, 조지아인이 되고 싶다. 아니 바투미 사람이고 싶다, 케이크 하나를 꿀꺽꿀꺽 삼키는 택시 기사가 보인다. 어쩌면 여기는 기사식당인지도 모르겠다. 케이크 가게가 기사식당인 도시라니. 이보다 사랑스러운 도시를 본 적이 없다.

나, 조지아랑 잘해 보고 싶다.

발단, 전개, 위기, 절정, 결말. 이 여행의 절정을 꼭 보고 싶다.

거인의 발톱을 보았다

　일본인은 조용하고, 중국인은 시끄럽다. 프랑스 사람은 무조건 프랑스가 최고고, 이탈리아 사람들은 외모에 유난을 떤다(우리나라는 더 떤다). 내가 가진 편견이다. 예의 바른 프랑스인을, 옷을 더럽게 못 입는 이탈리아인을 만나면서 내 편견은 수정돼야 했다. 대걸레로 치앙마이 숙소 주인을 내려찍으려 했던 벨기에 놈, 통신비 아끼려고 남의 핸드폰으로 통화하는 영국 거지(직업은 변호사였다)를 보며 유럽것들의 대가리엔 뭐가 박혔나 의심했다. 술은 입에도 안 대는 러시아인, 저음으로 우아하게 말하는 중국인도 직접 목격하지 않았다면 믿지 않았을 것이다. 편견을 쓰레기통에 버리라는 교훈은 이 버스에서도 진행 중이다. 독일 노인은 버스 운전기사가 자기 대신 헤매 주기를 바란다. 정해진 목적지만 운행하는 게 버스 아닌가? 그 편견도 이 버스가 살뜰하게 격파 중이다. 숙소 주소를 운전사에게 들이밀고, 세상 가장 불쌍한 표정을 짓고 있다. 공과 사가 분명하고, 깍듯한 독일 사람들 다 놔두고 하필 저 노인이 우리 버스에 탔다. 메스티아는 거의 와 가지만, 노인의 횡포로 멈췄다. 모두가 내려서 담배를 피우거나, 기지개를 켰다. 버스 운전기사는 집집마다 물어가며 끝내 노인의 숙소를 찾아냈다. 조지아는 친절한 나라인가? 답은 누구를 만나느냐에 달렸다. 저 독일 노인에게 조지아는 세상 친절한 나라다. 내게는 가끔 친절하며, 대체로 무례하다.

메스티아와 카즈베기.

두 곳만 남았다. 조지아를 저렴한 스위스라고 부르는 이유는 이 두 곳 때문이다. 내가 「EBS 세계 테마 기행」을 보며 넋이 나갔던 곳도 둘 중 하나일 것이다. 그 정도로 대단했나? 기억조차 의심스럽다. 아니 원망스럽다. 조지아는 친절하고, 저렴하다고도 했다. 친절하지도 않고, 저렴하지도 않았다. 교통비는 저렴하다. 대신 폐차장 고물이 유령처럼 기어 다닌다. 통신비도 저렴하다. 충전 기계는 거스름돈을 꿀꺽하고, 인터넷 검색 조금만 해도, 데이터가 휘발유처럼 사라진다. 증거를 들이밀 수도 없어서, 야금야금 푼돈을 갖다 바쳐야 한다.

나는 낚였다.

백 명 중 백 명이 좋았어도, 나에겐 하찮을 수 있는 거였다. 까칠하고, 기대치가 높은 여행작가에게 조지아는 실수였다. 무신경

한 선택이었다. 진짜 스위스도 아니고, 저렴한 스위스에 천하의 박민우가 반할 이유가 없다. 이번 여행은 망했다. 돌아가는 꼴을 보니 유튜버 데뷔도 물 건너갔다. 영상 편집 실력도 형편없으면서 끈기마저 없다. 평생 유튜브 유망주 소리나 들으며 늙어 죽겠다. 메스티아마저 실망스러우면 오히려 홀가분할 것 같다. 최악은 어중간하게 좋을 경우다. 욕하기엔 미안하고, 울컥하기엔 10% 부족한 상황이 제일 싫다.

– 주소는 맞는데, 아니에요.

숙소라기엔 집이 작더라니. 예쁘장한 아가씨가 나와서는 서툰 영어로, 내가 찾는 숙소는 1km 더 가야 한다고 했다. 구글 지도에서는 여기가 맞다는데? 여행자가 가장 자주, 잘 해내야 하는 건 '헤매기'다. 알면서도 한숨이 나온다. 버스에서 내내 시달렸다. 이젠 좀 쉬고 싶다. 말똥 지뢰가 여기저기인, 하지만 포장된 길을 터벅터벅 걷는다, 숙소 주인은 구글 지도의 정보도 확인 안 하나? 주소도 수정 안 하고 방을 팔아?

스위스 갈 돈만 있다면, 누가 조지아를 오겠어? 이 나라는 돈 없는 거지들에게나 천국이었던 거다. 마침 부부가 꽃밭의 잡초를 뽑고 있다. 경사가 완만한 언덕이 온통 꽃 천지다. 무수한 꽃이 햇빛의 세례로 최대치의 색을 뿜어내고 있다. 발을 헛디뎠는데, 절벽에 매달리게 된 것처럼 급작스럽다. 말똥 길을 걸었을 뿐인데 바로 꽃의 세상이라니. 분노한 아름다움이 번개처럼 내리꽂힌다. 함부로 입을 놀린 자는 이게 벌이란 걸 안다.

– 다그닥, 다그닥.

말발굽 소리가 꽃이 점령한 세상을 뚫는다. 여덟 살쯤 꼬마가 이랴이랴 복숭아 무릎으로 말의 옆구리를 찍는다. 나와 말이 대로를 양분하고 있다. 콧구멍을 벌름벌름, 말은 죽지 않기 위해 가쁜 숨을 몰아쉰다. 다그닥 다그닥, 땅으로도, 하늘로도 닿을 소리다. 거, 더럽게 시끄럽네. 아이와 나는 서로를 의식한다. 어떻게 저렇게 능숙하지? 천재 꼬마는 나를 지나쳐 사라진다. 뒤를 돈다. 내가 지나왔던 길, 꽃, 하늘이 합체되어 완전체가 된다. 대자연으로 위장한 거인이 주춤주춤 일어서고 있다.

– 깜짝 놀랄 준비를 하렴.

기분 나쁜 환청이다. 진짜는 아직 정체를 숨기고 있다는 건가?

나는 거인의 발톱 정도를 본 거고? 이미 나의 양쪽 눈과 귀는 공손해졌다. 함부로 지껄이던 불평을 단숨에 잠재운 1분이었다.

나는 성냥팔이 소녀, 아니 게이

　숙소는 대로변에서 30미터 들어간 곳의 마당 있는 목조주택이었다. 다른 집들과 섞여 있어서, 코앞에 두고도 헤맸다. 대문 창살에 꽂힌 운동화들이 쪼르르 말려지고 있었고, 셔츠와 바지들도 물기를 떨구고 있다. 트레킹 때 비가 많이 왔나 보군. 빨래의 진흙 얼룩에 이마가 찡그려진다. 인간이란 생명체는 참 특이하다. 경치 하나 보겠다고 진창을 걷고, 발바닥 물집을 터뜨린다. 자기 몸을 학대하면서 돈까지 갖다 바친다. 트레킹은 사이비 종교다. 나로 말하자면 뉴욕에서 자유의 여신상을 안 본 사람이다. 인도에서 타지마할을 쌩깐 사람이기도 하다. 그깟 트레킹? 내가 왜? 풍경이 소중하면, 내 몸도 소중하다. 허벅지 경련 참아가면서, 시각적 충격에 매달리고 싶지 않다.

– 메스티아만 네 번째지만 여자 친구만 아니라면 지금이라도 또 가고 싶어. 여자 친구가 나를 데리러 왔거든. 아직 메스티아를 보지 못한 네가 부럽다. 메스티아는 정말 아름다운 곳이야.

이름은 리카르도, 이탈리아인이다. 방 창으로, 메스티아의 산자락이 펼쳐진다. 드디어 나도 메스티아다. 새 방에 짐을 풀고 나면, 흥분이 최고조에 달하게 된다. 의기양양해져서는 거실에서 빈둥대는 청년에게 말을 걸었다. 말 붙이지 말걸. 여기도 메스티아인데, 뭘 못 봤다는 거야? 지금도 충분히 자연자연하고, 예쁘구먼. 너는 이탈리아놈이라면서 돌로미티도 안 가 봤냐? 알프스하면 스위스를 떠올리지만, 프랑스, 이탈리아, 오스트리아에도 걸쳐있다. 그중 이탈리아 돌로미티를 최고로 치는 이들이 많다. 설마 돌로미티보다 메스티아가 위라는 건가?

– 안녕, 나는 마르가리타야. 리카르도의 여자 친구.

둘은 조지아 쿠타이시라는 곳에서 게스트하우스를 운영 중이다. 조지아가 얼마나 좋으면 눌러살 생각을 다 했을까? 내가 본 조지아는 그 정도는 아니던데. 마르가리타는 러시아 출신. 백인을 보면 주눅이 든다. 선남선녀 커플을 보면 그 증세가 심해지는데,

나도 너희와 동등한 사람이거든. 당연한 건데도, 주장하고 싶어 안달한다. 이젠 너희들이 안 궁금하다. 아니, 안 궁금해하겠다. 너희들이 나를 궁금해하든가. 심드렁한 척한다.

– 트레킹 갔던 사람들이랑 밥 먹으러 갈 거야. 너도 갈래? 그냥 같이 가자. 제발.

보라. 매달리면 끌려다니지만, 무시하면 알아서 달려든다. 제발(Please)? 제발이라고? 늙은 게이는 리카르도의 '제발'이란 단어에 심장이 뛴다. 이렇게나 잘생긴 남자가 나에게 애절한 눈빛을 발사한다. '애절한'은 나의 해석이다. 여자를 좋아하도록 설계됐는데, 고추 달린 새끼가 남자에게 반응한다. 불량품이다. 신의 실수다. 누구는 신의 저주라고도 한다. 이 속내를 들키면, 역겨운 호모 새끼가 된다. 밥을 먹으러 가겠다. '제발'이라잖아.

– 민우는 말랐으니까 더 먹어야 해.

리카르도는 내 앞접시를 가져가더니 음식을 담는다. 여자 친구나 챙길 것이지, 나를 왜? 마르고 새까만 아시아 남자가 안쓰럽니? 외국에선 외모 패자 부활전이 가능하다. 열 살은 어리게 보고, 단점이라 생각했던 광대나 각진 턱이 장점이 되기도 한다. 한국에서도 말랐단 소릴 듣는데, 덩치 큰 서양인들에겐 얼마나 비루해 보일까? 서양인들에겐 다 죽어가는 오골계로 보일 것이다. 관심종자라 '다르게' 보이는 게 즐겁지만, 이젠 '다름'보다, '늙음'과 '병듦'이 정체성이 됐다. 늙은 게이는 다행히 겸손해서, 그 동정조차 감사하다.

리카르도와 트레킹을 다녀온 키아라와 네이슨, 둘은 영국인이고, 같은 방에서 잔다. 연인도 아니고, 친구도 아닌, 이번 여행에서 처음 만난 사이임을 강조한다. 우리는 섹스하지 않았답니다. 그걸 말하고 싶은가 본데, 굳이 같은 방을 써야 해? 1박에 2만 원도 안 하는 방을 따로 잡을 돈이 없어서? 키아라 당신은 대학교수라며? 영국은 대학교수 월급이 최저 시급 정도인가 봐? 혹시 네이슨이 나처럼 게이? 마침 네이슨 여자 친구에게서 전화가 온다. 이성애자 남녀가 좁은 방에서 굳이 같이 잔다? 우리나라에서 이런 상황을 이해해줄 여자(남자) 친구가 과연 있을까? 영국은 진짜 괜찮나?

쉬크메룰리(Shkmeruli)는 크림소스로 조린 조지아식 닭요리다. 조지아 음식 별거 없다. 짜기만 하다. 그랬던 나는, 함부로 지껄이던 주둥이로 열심히 씹고 있다. 견과류까지 듬뿍 넣은 기품 있는 고소함에 혀에서 경련이 인다. 성냥팔이 소녀 주제에 부잣집 식탁에 운 좋게 초대된 기분이다. 추위에 얼어 뒈질 것이지, 치킨의 단백질로 기사회생하고 있다. 싸구려 식당만 전전해서 몰랐을 뿐, 조지아는 미식 천국이 맞았다. 리카르도라면 이런 식당을 백 개쯤은 알고 있겠지? 쥐뿔도 모르면서, 불평만 일삼는 직업군을 흔히 '작가'라고 한다.

키아라는 왜 모두 자는 새벽에 내 옆에 찰싹 붙어서 담배를 피울까? 나는 글 노동자다. 매일 일기를 써서 판다. 구독료 1만 2천 원이 유일한 수입원이다. 생명줄이다. 숙소 거실 책상에서 토닥토닥 자판을 두들기는 내가 좀 있어 보였나?

그녀가 나를 지그시 바라보며 담배 연기를 뿜어댄다. 커다란 눈동자에, 두툼한 입술. 이성애자는 이럴 때 바로 키스를 갈기나? 와인을 들고 와서 너 한 모금, 나 한 모금. 뜸 좀 들이다가 덮치나? 왜 줘도 못 하냐며, 남자들은 분통을 터뜨릴까? 여행자에게 섹스는 쉽다. 피차 외로운 처지, 동물적 본능이 먼저다. 그녀는 아시아 남자가 궁금한 건가? 하필 깡마른 게이여서, 나는 내 존재가 미안하다. 게이는 모든 게 미안하다. 자신에게 호감을 보이는

모든 여자에게, 해줄 게 없어서 미안하다. 혹시 나를 덮치는 거 아
냐? 이성애자 남자들에게, 잠재적 위협이라 미안하다. 내 새끼가
여자를 좋아할 리 없지. 순진한 옛사람, 어머니에게 한없이 미안
하다. 깜짝 놀랄 풍경을 기대하며 메스티아에 왔으면서, 트레킹은
싫다. 대단한 무언가가 코앞이라는데, 포기할 핑계만 찾는다. 나
란 인간도 행복해질 수 있을까? 자본주의의 패배자는 여행에서
조차 희망이 없다. 담배 좀 그만 피우라고, X년아! 냅다 소리 지

르고 싶다. 내가 게이라고 말하면, 그녀는 두 팔 벌려 나를 안아줄 것이다. 밤새 이야기꽃을 피울 좋은 친구인데도, 스스로 그은 경계 안에서 쩔쩔맨다. 차라리 담배 연기였으면 좋겠다. 이 더러운 기분의 원인은 바로 나다. 견딜 수 없이 화가 난다.

어떻게든 메스티아를 날로 먹겠다

- 덜컹덜컹

하츠발리 스키 리조트(Hatsvali Ski Resort)로 올라가는 리프트가 불안하다. 안전바에는 open restraining bar just before exit(내릴 때만 안전바를 올리시오)라고 쓰여있다. 뭐야? 아무 때나 안전바가 올라간다는 거야? 그물망도 없다. 떨어지면 최소 식물인간이다. 내 똥꼬를 노리는 전나무들은 오늘을 위해 뾰족뾰족 칼을 갈았다. 안전바를 살짝 들어본다. 들린다. 제우스가 그렇게 경고했지만, 판도라는 상자를 열었다. 안전바를 열면 어떻게 될까? 그걸 확인하려는 미친놈은 어디에든 있다. 리프트에서 내리면 당연히 멋진 전망이 기다릴 테지만, 산뜻하게 들리는 안전바보다 놀랍지는 않을 것이다. 이 리프트는 나를 주룰디(Zuruldi)산 정상까지 데려다준다. 겨울엔 스키를 타는 사람들을 실어 나르고, 여름엔 정상을 날로 보려는 관광객들을 실어 나른다. 해발고도 2,340미터다. 메스티아엔 수많은 트레킹코스가 있는데, 주룰디산 정상 풍경이 제일이라고 했다. 14라리(6천 원)를 쓰면서까지 리프트를 탄 이유다. 정상에서 끝내주는 전망을 보면 트레킹의 미련은 사라지겠지. 꾸역꾸역 두 발로 올라온 이들과 나는 정확히 같은 풍경을 보게 된다. 걸어서 오른 이들의 감동을 욕심내지 않겠다. 그들은 자신과의 싸움에서 이겼다. 나는 리프트의 힘을 빌리고, 쾌적하게 지겠다. 자신과의 싸움에서 왜들 이기려고 안달일까? 싸움은 나쁜 거 아닌가? 나는 나에게 기꺼이 지겠다. 나와의 싸움에서 승자도 패자도 나라는 걸 멍청이들은 모른다. 나비처럼 보고, 재벌처럼 내려오겠다. 발에 진흙이라도 묻으면 신경질적으로 털어내면서….

그러니 오라, 나의 주룰디여!

나는 거짓을 보고 있다

리프트에서 내리자마자 빨간 지붕의 휴게소가 보인다. 리프트에서 내린 이들은 모두 빨간 지붕으로 향한다.

빨간 지붕의 나무 건물은 규모가 꽤 크다. 음식을 나르는 사람이 하나, 둘, 셋. 총 세 명이다. 나무로 지은 휴게소에서는 피자와 맥주와 소시지, 그리고 커피를 판다. 나는 커피를 주문하겠다. 차례를 기다리면서 창밖을 본다. 발코니가 건물 주위를 두르고 있고, 테이블이 발코니에도 촘촘히 깔려있다. 빨간 지붕으로 가려졌던 산들이 창밖으로 실체를 드러낸다. 나는 이 풍경을 어디에서 봤더라? 페이스북에서 누군가의 사진으로 봤다. 그곳은 조지아가 아니라 오스트리아였다. 알프스의 산들이 하얀 힘줄을 불끈대며 사람들을 포위하고 있었다. 아무렇지도 않다는 듯이, 스테이크를 써는 사람들이 참으로 건방져 보였다. 나는 이제 오스트리아에 갈 필요가 없어졌다. 장비를 갖추고, 최소 이틀은 개고생한 후에, 다리도 절뚝절뚝해가면서, 구름에 닿을 듯한 산봉우리를 마주하며 눈물을 왈칵. 이 모든 트레킹 과정을 생략한 얌체들이 주룰디에서 하하호호, 와인에 소시지를 썬다. 숨 쉬는 걸 자꾸만 잊게 된다. 살기 위해 한 번씩 긴 숨을 들이마신다. 그리곤 또 잊어버린다. 일정한 높이의 산들이 병풍처럼 둘러싸고 있다. 하나하나의 산들이 살아온 시간을 되돌아보게 할 만큼 위력적인데, 그것들이 여럿, 표정을 풀지 않고 인간을 노려본다. 공중인가? 땅인가? 비현실적인 높이에 어리석어진 인간은 한심한 대화만 주고받는다. 사형수들이 형장으로 끌려가기 전 마지막 음식을 고르듯, 내일이면 단두대로 끌려갈 이들이 고른 단 하나의 풍경이 여기에 있다. 이 풍경은 20년 나의 여행을 송두리째 모독하고 있다. 흐흐흐흡, 또 숨을 잊었다. 후후후후후.

조지아가 이겼다.

백이면 백이 찬양하는 그곳에, 백한 명째 손님이 되어 눈을 비빈다. 뭔가가 있을 거야. 이게 다가 아닐 거야. 인간은 지독한 의심병으로 산을 오른다. 아득한 바다를 항해한다. 그깟 호기심으로 수많은 사람이 죽어 나갔어도, 반성도 없고, 자제도 없다, 죽어서야 볼 수 있는 풍경이다. 발단, 전개, 위기, 절정, 결말. 절정의 꼭짓점에 비로소 올랐다.

이 여행은 드디어 완성되었다.

도둑으로 몰린 날

– 뭐 없어졌나 잘 봐!

딸의 목소리가 커졌다. 숙소를 옮겼다. 두 번째 숙소는 복도식이다. 내 방과, 그들의 방은 붙어 있다. 나는 내 방 앞 복도에서 노트북으로 유튜브를 보고 있었다. 방 안에서도 볼 수 있지만, 바깥은 밝고, 노트북을 놓을 기다란 의자도 있다. 노트북을 올리고, 복도 바닥에 양반 자세로 앉으면 제법 자세가 나온다. 한국인 가족은 나를 지나쳐서는 방으로 들어갔다. 30분 전쯤에 그들은 주방에서 밥을 먹고 있었다. 나는 목인사만 하고 나왔다. 육십 대로 보이는 부부와 이십 대 후반으로 보이는 딸이었다. 숙소 주인 넬리는 나 보고도 식사를 하겠냐고 물었다. 20라리. 8천 원. 한 끼로 하루 방값을 날릴 순 없다. 공손하게 안 먹겠다고 했다. 대신 3백 원 봉지 라면을 샀다. 너무 가난해 보일까 봐 토마토와 양배추도 샀다. 한국인들이 보는 앞에서 3백 원짜리 라면을 끓이고 싶지 않았다. 그래서 복도에서 노트북을 켰다.

나 들으라고 일부러 소리를 지른 건 아닐 것이다. 다급함에 튀어나온 것뿐이겠지. 당신들 지금 뭐라고 했어? 따지고 싶다. 그런 모습은 상상 속에서, 그것도 한참 후에나 가능하다. 잠자리에 들 때쯤 이를 갈고, 주먹을 꽉 쥐게 된다. 여덟 살 때는 도둑놈이었다. 문방구에서 구슬을 훔쳤다. 집이 구멍가게를 했는데, 딸기를 훔쳐서 페인트 집 딸내미 은정이에게 바치기도 했다. 이후로 내 삶은 '도둑'과 무관했다. 뭐라도 없어졌으면 어쩌지? 내가 도둑이 되는 건가? 도둑만 제 발 저리는 게 아니다. 의심받는 자들도 발이 저린다. 의심은 무죄인 나 자신을 검열하게 한다. 나는 라면을 끓여야 한다. 도망치는 걸로 오해하지 않도록 천천히 노트북을 껐다.

주스, 수프, 빵, 으깬 감자. 그들은 음식에 손도 안 댔다. 버릴 건가? 넬리가 빨리 와서 좀 치워 줬으면…. 군침이 돈다면 개돼지다. 나는 보기만 했지, 군침까지 돌지는 않았다. 나를 도둑으로 의심했던 사람들의 음식 쓰레기들이다. 먹다가 들키기라도 해 봐. 도둑이 아니라 거지였네. 방문을 걸어 잠그고, 내가 옆방에서 잔다는 사실에 몸서리를 칠 것이다.

— 혹시, 이거 먹을래?

넬리가 들어왔을 때 나는 토마토를 씻고 있었다.

– 아니. 나는 라면을 먹을 거야.
– 그러지 말고, 이거 먹어.
– 아니야. 괜찮아.
– 걱정 말고, 그냥 먹어.

무슨 걱정을 한다는 거야? 사람 우습게 보네. 먹어도 내 돈 주고 먹을 거야. 그녀는 내 대답은 듣지도 않고, 빈 접시만 치웠다. 새 접시를 테이블 위에 올려놨다. 자꾸 걱정 말고 먹으란다. 내가 무슨 걱정을 한다는 거야? 진짜 공짜일까? 남이 먹던 걸 먹어도 되나? 아무래도 전자를 걱정한다는 거겠지? 개인 접시에 덜어 먹은 음식이다. 게다가 거의 손도 안 댔다. 자기 귀중품에만 관심 있는 촌스러운 사람들이라서 조지아 음식이 별로였던 것이다. 넬리는 설거지할 그릇들을 싱크대에 쌓아두고는 사라졌다. 혼자서 마음 편히 먹으라는 배려다. 넬리 때문에 다크서클 조지아 사람들이 좋아지려고 한다. 주방 창으로 해가 급하게 지는 중이라서, 산은 윤곽만 남았다. 오렌지색 전구가 국물을 붉게 졸여 놨다. 당근과 토마토, 돼지고기가 들어간 수프다. 약간 무거워 보이는 빵을 적신다. 스펀지처럼 국물을 빨아들인다. 빵이 혀 위에서 솜사탕처럼 녹는다. 도둑으로 몰린 날이다. 8천 원 안 내고 8천 원 밥을 먹고 있다. 나는 아무래도 개돼지가 맞는 것 같다. 나를 무시한 거겠어? 여행이 만든 불안감이겠지. 배움도, 교양도 쓸모없다. 자신을 지키려는 몸부림만 남은 이들이 하이에나처럼 으르렁댄다. 내가 거지처럼 보였나? 그런 자책도 쓸모없다. 눈앞의 음식에 집중하면, 상처는 빨리 아문다. 자주 아파본 사람은, 회복 탄성이 좋다. 이 불가사의한 식욕이 나다. 나는 약하지 않다. 그들이 내게 남겨준 빵은 어쩌자고 지금까지 따뜻할까? 조지아 음식이 최고다. 공짜로 먹는 조지아 음식은 지구상에 적수가 없다.

메스티아는 끝나지 않았다

숙소에서 코룰디 호수(Koruldi Lakes)까지는 8km. 걸어서 한 시간 47분 거리다. 여행자들은 구글지도로 정보를 나눈다. 단 한 명의 후기도 없다. 검색한 사진만 보면 근사하다. 산 정상의 호수가 구름을 반사한다. 하늘도 하늘이고, 호수도 하늘이다. 말도 몇 마리 있다. 이런 그림 같은 풍경이 겨우 두 시간만 걸으면 나오는데 트레킹을 왜 해?

4륜구동 이 개자식들아! 이 흉측한 바퀴 자국 좀 봐. 두 시간도 걷기 싫어서 차를 빌려? 대자연의 파괴자, 벌레만도 못한 새끼들, 아무도 모르는 곳으로 가서 싹 다 죽어버렷. 괜히 왔다. 언제 또 빵빵거릴지 모르는 차 때문에 갓길로 바짝 붙어서 걷는다. 한 시간을 걸었으니까 절반만 더 걸으면 된다. 응? 구글지도에 따르면 2km를 채 못 걸었다. 몇 시간을 걸어야 하는 거야? 저 차는 왜 또 서 있는 건데? 분명 태워 주겠다는 거다. 어떻게 아느냐고? 진정한 거지는 호의를 귀신처럼 알아본다. 바퀴가 터진 게 아니라면, 이건 태워 주겠다는 신호다. 어디에나 호의를 베푸는 사람은 있다. 베푸는 자들이 잘 산다. 부자 친구들을 보면서 깨달았다. 부자가 되면 나도 베풀 의향이 있다. 먼저 베풀어야 부자가 된다고? 가진 게 없는데 무슨 수로 베풀어? 먼저 부자를 만들어 달라고. 개똥 같은 소리 씨부리지 말고.

– 탈래?

그렇다니까. 레슬링 그레코로만형 국가대표처럼 생긴 붉은 얼굴의 남자가 고개를 내민다. 내가 이 차를 타든 안 타든, 매연의 총량은 같다. 무릎에 케토톱을 붙인 사람이나, 휠체어로 겨우 다니는 사람, 시간이 없는 사람은 개자식에서 **빼줘야** 한다. 최고의 여행작가가 포기를 할까 말까할 때, 바로 투입된 이 천사들도 당연히 **빼줘야** 한다. 조지아 관광청 놈들아 이 천사들에게 주유권이라도 좀 챙겨 줘. 내 한 마디면, 평범한 장소도 위대해진단다. 아름다움을 묘사하는 데 있어, 박민우보다 위는 없다고. 공짜면 도토리묵이나 파프리카처럼 싫어하는 것도 마트에서 시식하는 나는 당연히 차 문을 열었다.

– 나는 살바, 이쪽은 타마다. 내 아내야.

부부구나. 영어가 유창하다. 조지아 사람이 아닐 것이다. 왜냐면 이들은 친절하니까. 방실방실 웃기까지 하니까. 프랑스 앙티브에서 니스까지 히치하이킹을 한 적이 있다. 기차를 잘못 타서, 모르는 역에서 내렸다. 기차는 끊겼고 숙소로 돌아가려면 히치하이킹뿐이었다. 한 시간 가까이 손을 흔들었다. 무려 벤츠가 섰다. 부티가 철철 나는 핀란드 부부였다. 한 시간 내내 버려졌던 나는, 핀란드인에게 구원받았다. 수백 대의 프랑스 차가 나를 외면했고, 핀란드 부부만이 나를 딱히 여겼다.

  - 우리는 트빌리시에서 살아. 나는 은행에서 펀드매니저 일을 하고, 아내는 대학교에서 연구원이야. 심리학을 전공했지.

  친절한 조지아 사람이라니!

  - 메스티아 정말 아름답지? 조지아에 와 줘서 정말 고마워.

  착한 조지아 사람이 존재한다고 해서, 반성할 이유는 없다. 선빵을 날린 건 조지아다. 일방적으로 맞은 나는 마땅히 품어야 할 앙심을 품었을 뿐이다. 살바는 사람을 볼 때마다 차를 멈춘다. 탈래? 탈래? 트빌리시에는 딱 두 명만 착하다. 그 두 명이 차를 몰고 메스티아에 왔다. 차 한 번 얻어 탔다고 나의 증오를 무를 마음은 없다. 차를 타고 30분이나 지났다. 이상하다. 코룰디 호수는 보일 기미가 안 보인다. 길은 너무 험해서 속이 다 메스껍다. 걸어서 두 시간 거리는 확실히 아니다.

메스티아의 절정은 주룰디산에서 이미 봤다. 이 험한 길이 아니라고 한다. 뭔가가 더 있다고 자꾸만 지껄인다.

나를 가루로 만들려는 풍경

호수가 있기는 한 거야? 차로 30분이나 왔는데도 왜 아직이냐고? 차를 타기 전에 한국 아가씨 두 명을 만났다. 호수까지 얼마나 남았냐고 내게 물었다. '모릅니다'라는 답을 놔두고, 한 시간만 걸으면 된다고 했다. 구글맵이 그렇다고 했다. 모처럼 나댈 수 있는 기회를 놓치고 싶지 않았다.

그들은 내 말만 믿고 쉼 없이 걷다가 지금쯤 죽었을 거다. 죽지 않았다면, 네발로 기고 있을 것이다. 서로의 머리채를 잡고 소싸움을 하고 있을지도 모른다. 네가 오자고 했지? 네가 저 아저씨 한테 물어보자고 했지? 죽일 기세로 서로의 머리채를 놓지 않을 것이다.

– 여기서부터는 걸어가야 해.

살바가 차를 세웠다. 1.5km를 더 걸어야 코룰디 호수라고 했다. 구글지도는 살인자다. 두 시간만 걸으면 된다고? 최소 다섯 시간은 걸어야 한다. 돌아가는 것까지 계산하면 총 열 시간이다. 멍청한 구글맵은 직선거리만 계산했다. 굽이굽이 산길을 계산에 넣지 않은 것이다. 풀들은 낮아지고, 숨쉬기가 뻑뻑하다. 날벌레 떼가 성가시게 시야를 가린다. 바퀴가 터져서 옴짝달싹도 못 하는 차도 보인다. 사람만 올라오기 힘든 곳이 아니다. 낯선 들꽃과 날벌레, 걸음은 느려지고, 신발도 무거워진다.

지긋지긋한 호수가 저만치 보인다. 가까워질수록 웃음만 난다. 이따위 작은 웅덩이를 어떻게 호수라고 해? 말이, 소가 웅덩이 주위에서 풀을 뜯는다. 커다란 개가 소들을 한 방향으로 몬다. 소들은 개가 성가시다. 외면한 채 웅덩이를 핥는다. 한 남자가 옷을 벗는다. 한 여자가 옷을 벗는다. 둘은 속옷만 걸친 채 웅덩이로 풍덩. 반사하던 구름이 뭉개진다. 둘은 구름을 가른다. 언뜻 백조다. 첼로의 저음이 나의 발바닥을 타고, 머리끝까지 관통한다. 풍경의 연주로 나의 척추는 꼿꼿해지고, 미세하게 진동한다. 첫날 봤던 꽃밭은 황홀했다. 둘째 날 주룰디산은 내 여행 인생을 모독하는 풍경이었다. 웅덩이와 말, 소와 구름이 있다. 멀리 설산들이 가로로 길쭉하다. 인간에게 허락된 층과 허락되지 않은 층이 있다. 인간은 허락된 층까지만 오를 수 있다. 이곳은 허락되지 않은 층이다. 무슨 이유인지 몰라도 메스티아엔 그런 층이 존재한다. 이 풍경의 목표는 박민우의 완전한 해체다. 한 인간을 가루로 만들려는 총공세다. 코룰디 호수를 본 사람들은, 녹아 없어져야 마땅하다.

천기누설.

이 풍경을 함부로 입에 담는 순간, 무슨 일이 일어날지 모른다. 누구든 이곳에 오면 인생의 승리자다. 가난한 자도, 아픈 자도, 상처에 짓눌린 자도 승리자가 될 수 있다. 아니, 가난해야, 아파야, 상처에 짓눌려야 코룰디 호수에 오를 수 있다. 나의 가난은, 패배감은 조지아가 보내는 초대장이었다. 눈을 감는다. 다시 뜬다. 있다. 존재한다. 이 풍경이 정말 존재한다. 눈을 뜨기만 해도, 기적이 펼쳐진다. 두 아가씨는 어떻게든 이곳에 와야 한다. 죽을 것 같아도 와야 한다. 죽음과 등가 거래가 가능한 풍경이다.

맑은 날 코룰디 호수에 왔다. 지구 최고의 상류층이 됐다.

나는 인생의 패배자입니까?

- 자, 먼저 마셔.

살바가 돗자리를 편다. 작은 배낭에서 술도 한 병 꺼낸다. 잔까지 챙겨 왔다. 조지아는 와인만 유명한 게 아니다. 와인을 만들고 남은 포도 찌꺼기로 증류주를 만든다. 차차라고 한다. 35도 독주다. 70도짜리 차차도 있다. 생체 실험을 술로 하는 나라다. 운전할 거면서 술을? 타마다가 먼저 마신다. 에라 모르겠다. 꿀꺽, 불덩이가 식도 끝에서 팽이처럼 돈다. 포도향이 은은하다.

- 포도향 정말 좋다.
- 복숭아로 만든 차차야.

복숭아 향이 그때부터 진동한다. 천도복숭아의 '천도'는 천국의 복숭아란 뜻이다. 그렇게 먹지 말라고 주의를 줬는데도 손오공은 허겁지겁 복숭아를 처먹고 500년을 오행산에 갇혔다. 천국에도 구름이 뜰까? 호수에 반사된 구름이 점점 더 또렷해진다. 수영하던 연인도 나처럼 드러누웠다. 우린 남남이지만 완전히 남은 아니다. 천국에 초대받은 VVIP들이다. 우리는 이곳에 있다. 그것만으로도 엄청난 권력이다. 어떻게 구글지도에 단 한 명의 후기도 없을 수 있지? 구글지도가 외면한 천국에서 복숭아 차차에 천천히 녹아내리고 있다. 간절하지 않았고, 진지하지도 않았다. 그랬는데도 이렇게 천국에 있다. 살바는 지나가는 사람들 모두에게 술을 권한다. 자기 걸 나누는 건데도 거지처럼 애걸복걸이다.

지금까지 유튜브에 영상 네 편을 올렸다. 편집하고, 목소리를 더빙하고, 썸네일(동영상 내용을 설명하는 화면)을 만들었다. 썸네일은 포토샵으로, 영상 편집은 프리미어로, 더빙은 소형 마이크를 써서 했다. 동영상을 편집하다 공포에 휩싸였다. 끝은 없고, 시작만 있는 기괴한 형벌이었다. 공중 촬영까지 하겠다며 샀던 드론 카메라는 뜯지도 못했다. 흔들림 없는 영상을 찍겠다며 구입한 오즈모도 안 들고 다닌다. 성공한 유튜버가 되고 싶었다. 구독자 수십만 명 채널을 보유해서, 한 달에 2백만 원씩 벌고 싶었다. 부모님께 용돈도 드리는 효자가 되고 싶었다. 유튜브는 유일한 희망이었다. 코룰디 호수에서도 나는 아무것도 찍지 않고 있다. 이곳에서 드론 카메라를 날렸다면, 단 하나뿐인 영상이 나왔을 것이다. 날로 먹는 삶을 원했다. 2백만 원을 벌기까지 종일 편집에 매달려야 했던 유튜버들의 고충을 몰라봤다. 글로 사는 내 삶

은 연봉 5백만 원. 나는 억울하고, 나는 게으르다. 살바야, 한 잔 더 줘 봐. 참 이상해. 왜 살바가 주는 차차를 다들 싫다고 할까? 그렇게 태워 준다고 해도 다들 손사래. 아무도 살바의 차를 타지 않았다. 손오공은 5백 년간 갇혔을 때 복숭아 먹은 걸 후회했을 까? 영원히 살 수 있다는 불로장생 복숭아였다. 갇혔어도 영원히 사니 좋았을까? 영원히 갇히는 것, 갇히지 않고 당장 죽는 것. 답 을 고민하는 걸 보니, 나는 갇혀서라도 살고 싶은 모양이다. 나는 이렇게 또 패배자가 됐다.

– 잔 이리 줘 봐.

내가 어떻게 하는지 잘 보라고.

– 복숭아로 만든 브랜디예요. 포도 아니고, 복숭아요. 복숭아 브랜디를 어디에서 마셔보겠어요?

사람들이 내 잔을 받는다. 살바야, 봤지? 독일인, 네덜란드인, 체코인, 짜증스러운 표정이더니, 차차의 마법에 아기 얼굴이 되잖 아. 나로 말하자면 둘의 호의를 믿은 최초의 사람이다. 무엇을 이 루었냐면, 소중한 인연을 이뤘다. 살바는 내가 고맙다고 했다. 조지아에 와줘서 고맙고, 코룰디 호수가 아름답다고 해줘서 고맙단다. 쉿, 나 눈 좀 붙일 거야. 끝까지 살아 봐야 안다. 끝까지 살면 큰상이 주어질 것이다. 눈을 떴을 때도 이 풍경이면 나는 승리자다. 아름다움에 갇혔으니, 탈출은 필요 없다.

이 예쁜 지구별을 어떻게든 완주해볼 참이다.

인간이니까 바나나 대신 질투를 먹는 거야

인터넷으로 기차표를 팔면 뭐 해? 조지아 철도 홈페이지에서 결제가 안 되는데? 카즈베기는 메스티아와 비교되는 곳이다. 원래는 카즈베기만 가려고 했다. 메스티아와 카즈베기 중 어디가 더 좋나요? 아무리 검색해도 우열을 가리기가 힘들었다. 그러니 카즈베기도 메스티아 만큼 좋을 것이다. 솔직히 비슷한 풍경이라면, 그만 보고 싶다. 감동하기도 지쳤다. 여행은 한 편의 영화다. 완성도 측면에서 보자면, 이번 여행은 아주 잘 빠졌다. 개빡치는 조지아의 불친절이 큰 역할을 했다. 무례한 조지아인들을 향해 치를 떨었고, 늙고 병든 몸은 그 어느 때보다 시들했다. 내 저주가 극에 달할 때쯤 바투미가 찾아왔고, 메스티아에서 터졌다. 요망한 여행신은 나를 어떻게 구워삶아야 하는지 정확히 알고 있었다. 이제 자연은 충분하다. 도시에서 카페 놀이나 하며 이 여행을 마무리하고 싶다. 그럼에도 불구하고, 카즈베기로 간다. 카즈베기가 메스티아보다 조금이라도 좋으면 어떻게 하지? 그게 무서워서 간다.

죽디디(zugdidi)에서 네 사람이 내렸다. 버스에서 내리자마자 기차역으로 향한다. 한국놈 박민우, 중국 충칭에서 온 브루스, 독일에서 온 다리안과 니콜라다. 트빌리시로 올라가는 밤기차를 타야 한다(트빌리시에서 버스를 타고 카즈베기로 간다). 극단적인 상상이 취미인 나는 표가 딱 세 장 남은 상상을 한다. 저 느긋한 표정들 좀 봐. 세 장이 아니라, 한 장만 남으면 더 좋다. 나만 뛴다. 기차를 놓치고 역 근처 싸구려 방에서 바퀴벌레와 동침 좀 해보라지. 기차역은 한산하다. 나만 무사히 기차표를 손에 쥐기를 간절히 바랐다. 제길, 브루스도, 다리안과 니콜라도 기차표를 손에 쥔다.

– 이렇게 아름다운 커플은 처음 봐.

누군가의 입에서 그만 소리가 튀어나왔다. 누군가는 나였다. 힐끗 보고 말 일이지. 누군가에게는 칭찬도 불쾌할 수 있다. 스스로 주의를 기울이는 부분이다. 타인의 외모에 대해 함부로 지껄이지 않기. 그런데 터져 나왔다. 실로 부적절한 발언이었다. 표가 있건, 없건 행복한 다리안과 니콜라였다. 내 뒤에서 마냥 싱글벙글이었다. 다리안이 중세 피렌체에서 태어났다면, 다비드 조각상은 다리안상으로 바뀌었을 것이다. 콜로세움에서 사자를 때려눕힌 유일한 전사의 턱과 눈썹을 가졌다. 카우보이모자를 쓰건, 턱

시도를 입건 무조건 주인공일 수밖에 없는 얼굴이, 할리우드의 고전 배우가 배낭을 메고 있다. 니콜라의 완벽한 좌우 대칭 눈코 입이 금발의 머리카락에 가려지고, 드러난다. 모든 사람의 시선을 빨아들이는 미소는 감히 쳐다볼 수조차 없다. 뭐 이런 것들이 다 있지? 밀라노 패션쇼에서 옷만 갈아입고 온 모델 커플이 분명하다. 내가 오랑우탄이나 침팬지였다면 굳이 비참함을 느낄 필요가 없다. 바나나만 있으면 된다. 인간이니까 바나나 대신 질투를 먹는 것이다. 아름다운 것들은 거슬리고, 거울 속 상주하는 나라는 흉물에 분통이 터지게 한다.

- 이렇게 완벽한 남자와 여자를 동시에 보는 건 처음이야.

제발 좀 닥치라고. 또 튀어나왔다. 첫눈에 반한다는 게 이런 느낌이구나. 소설에서나 나오는 개소리인 줄 알았다. 심장이 두근거리고, 얼굴에 열이 오른다. 쉰이 낼모레인 나이라서 더 치욕스럽다. 일찍 결혼했으면 이만한 아이가 있을 나이. 심장이 두근거리고, 눈을 어디에 둬야 할지 모르겠다. 아제르바이잔에서 한국어 여선생을, 아르메니아에서 에이샷을 흉본 사람이 누구였더라?

- 응, 우리는 같은 의대 동기야.

기차 시간까지는 네 시간이 남았다. 우리는 밥을 먹기로 했다. 지구에서 가장 아름다운 남녀는 이제 곧 의사가 될 거라고 했다. 아름다움과 젊음을 독점한 연인이 의대생이란 게 이토록 화가 날 일인가? 중국에서 온 브루스는 나와 한편이다. 애견 미용실을 운영하는 브루스는 눈앞의 조지아 음식이 괴롭다. 매 끼니가 도전인, 입 짧은 여행자의 절망이 눈동자에 가득하다. 우리를 쫓아오던 여러 마리의 개들이, 식당 안까지 들어왔다. 그 개들에게 둘러싸여서는 니콜라가 먹던 고기를 식당 바닥에 던진다. 개들이 맹렬히 꼬리를 흔든다. 그중 한 놈이 고기에는 눈길조차 주지 않고, 니

콜라에게 눈동자를 고정한다. 개도 마비시키는 아름다움이다. 개
새끼가 니콜라에게 절대복종을 맹세하는 순간, 나는 다리안을 본
다. 내 속마음이 전광판처럼 세상에 까발려진다면, 나는 돌에 맞
아 죽을 것이다.

더러운 호모는 이 커플이 불편하다.

나는 내가 혐오스럽다

– 언제까지 이렇게 기다릴 수만은 없어.

우리는 '함께' 카즈베기로 간다. 버스 터미널에 영어로 된 표
지판 하나 없다. 명색이 한 나라 수도지만, 터미널이 아니라 그냥
도떼기시장이다. 아무나 붙잡고 물어야 한다. 마슈로카(조지아의
승합차 버스)의 바다에서 보물찾기를 해야 한다. 성의 없는 그들
의 손가락이 가리키는 대로 가도 버스는 없다.

- 카즈베기? 컴, 컴(Come).

택시 기사가 우리를 호객한다. 택시라도 탈까? 우리는 택시 기사 소원대로 오케이를 했다. 택시 기사는 승객 한 명만 더 오면 출발할 거라고 했다. 한 명분의 차비를 더 부담할 마음이 없다면 기다려야 한다. 니콜라가 배낭을 짊어졌다.

- 이렇게 기다리느니, 버스를 타는 게 낫겠어.

택시 기사는 고분고분 우리를 놔줬다. 니콜라는 기약 없는 기다림이 싫었던 것이다. 나도 싫다. 그래도 기다린다. 손님이 곧 오겠지. 따지면 싸움만 날 테니 그냥 입 다물고 만다. 니콜라는 눈치 보며 산 적이 있을까? 예쁘지, 공부 잘하지, 게다가 뭔가 대단히 신비롭다. 동물, 곤충, 심지어 꽃들과 교감하는 천사가 분명하다. 자신의 말 한마디는 늘 강력했을 것이다. 평범한 사람은 후환을 두려워한다. 당당했을 때의 대가가 너무 혹독하기 때문이다. 주제 파악이 끝나면 어쩔 수 없이 조용해지고, 있는 듯, 없는 듯 평범함으로 길들여진다.

어제 야간 기차로 트빌리시에 도착하자마자 우리는 파브리카 호스텔(fabrika hostel)로 향했다. 브루스는 왜 안 보이지? 그러거나 말거나. 파브리카는 트빌리시에서 가장 크고, 아름다운 호스텔이다. 조식 뷔페가 또 유명한데 다리안, 니콜라와 그 조식을 꼭 함께 먹고 싶었다. 거의 한 달을 머물렀던 도시다. 아침 일곱 시부터 문을 여는 근사한 식당을 나나 되니까 알고 있는 거다. 19 라리. 7천 원이 조금 넘는 돈으로 누릴 수 있는 지구 1등 만찬이 그곳에 있다. 아침만 먹고 바로 홀로 카즈베기로 가려던 나는 갑자기 피곤해졌다. 내일 가지 뭐. 다리안과 니콜라가 트빌리시에서 하룻밤 묵는다니, 나는 어떻게든 피곤하겠다. 한 달을 묵고, 지겨워질 대로 지겨워진 트빌리시에서 하룻밤을 보내겠다. 나는 그들과 헤어질 마음이 '전혀' 없다. 그들의 관심을 끌기 위해, 기차에서 내가 출연한 「EBS 세계 테마 기행」을 보여 주며 아양을 떨었다. 나를 반드시 좋아하도록 만들겠다. 최선을 다했더니, 관심을 보였다. 눈물이 날 것 같았다.

- 얘들아. 이것 좀 봐. 5만 명이 넘는 사람들이 너희들 이야기를 읽었어.

매일 네이버 블로그와 카카오 브런치. 두 곳에 같은 글을 올린다. 브런치는 가끔 내 글을 메인 페이지에도 올려준다. 조회 수가 급격하게 오르더니 10만 명을 넘어서고 있다. 10만 명? 나라가 뒤집히는 뉴스도 아닌데? 수백 편의 글을 올렸지만 처음 있는 일이다. 겨우겨우 카즈베기행 마슈로카를 찾아냈다. 그 사이 10만명은 15만 명으로 늘었다. 백만 명 구독자를 거느린 유튜버도 이렇게 빨리 조회 수가 올라가지 않는다. 있을 수 없는 일이 일어나고 있다.

- 역대급 비주얼 커플을 만났습니다.

제목이 너무 자극적이었나? 다리안과 니콜라가 나온 사진 때문에? 실물보다 훨씬 못한 사진이다.

- 아니, 이따위 글을 왜 올리세요? 혹시 인종차별주의자인가요?

15만 명에서 20만 명으로 넘어가는 중이었다. 누군가의 댓글이 나를 할퀸다. 인종차별주의자? 내가? 브루스는 화가 나서 사라진 것이다. 셋은 메스티아에서 같이 트레킹을 했다. 내가 그 사이를 비집고 들어갔다. 속사포 영어로 분위기를 장악했고, 영어가 짧은 브루스의 입을 닫게 했다. 브루스의 외로움을 모른 척했

201

다. 구별하고, 차별했다. 내게 없는 아름다움과 젊음에만 집착했다. 중국에서 애완견을 예쁘게 다듬는 브루스도 매력적인 청년이었지만, 압도적인 백인 커플에게만 몰입했다. 나는 인종차별을 했다. 그것도 노골적으로, 브루스에게 용서를 빌어야 한다.

조회 수가 50만 명이 넘어가고 있다. 제발 그만 좀 읽으라고. 아무리 글을 열심히 쓰면 뭐 하나? 선남선녀의 사진이, 그들의 외모에 대한 찬양이 나의 어떤 글보다 잘 먹힌다. 조지아에서 가장 아름답다는 카즈베기로 들어가고 있다. 그러거나 말거나. 다리안의 옆모습은 대자연의 아름다움이 얼마나 우스운지를 증명한다.

나는 카즈베기를 보러 왔다. 그것조차 잊었다. 다리안의 콧대를 피해 애써 풍경에 집중한다. 카즈베기와 다리안, 무시무시한 아름다움의 경쟁이다.

카즈베기 예고편, 이젠 조지아가 두렵다

내 나이쯤 되면 내가 아름다워야 한다. 젊음과 피부 말고, 눈빛으로 빛을 내야 한다. 아무나의 이야기에 귀를 기울이고, 상관없는 일들에 아파하며 인성으로 향기로워져야 한다. 잠깐의 신기루일 뿐이다. 껍데기일 뿐이다. 그깟 외모라서 더 괴롭다. 첫눈에 반한 멍청이들을 나는 이제는 비웃을 수 없다. 이상형과 닮았어요. 첫사랑과 닮았어요. 그것만 믿고 결혼했던 수많은 바보가 후회의 비명을 지른다. 자초한 일이다. 비명을 지를 자격도 없다. 손가락이 길고 창백하다고 피아니스트가 아니다. 폭력을 휘두르는 자의 손가락만 짧을 리 없다. 발이 작고, 목이 가는 여자가 당신의 보호본능을 자극한다고? 그런 구닥다리 여성상을 혐오하는 전사 같은 여자도 발이 작고, 목이 가늘 수 있다. 50만 명이 '역대급 비주얼 커플'에 낚였다. 그 바보들과 나는 완전히 같다.

나는 더, 더 늙고 쭈글쭈글해질 것이다. 그럴 때마다 젊음에 희번덕하는 나를 상상한다. 징그럽고 구역질 난다.

카즈베기는 조지아를 대표하는 풍경이다. 인스타그램에서 본 사진 한 장은 강렬했다. 거대한 산을 거느리고, 홀로 우뚝 솟은 작은 교회 건물. 자연은 자연대로, 교회는 교회대로 위대하고 조화로웠다. 이제 곧 '게르게티 츠민다 사메바 교회'를 만나게 된다. 지난 여행을 떠올린다. 남미 여행이 끝날 때쯤 우유니 소금사막을 봤다. 유라시아에서는 시리아의 마르무사 수도원이었다. 인도, 파키스탄 여행의 마지막은 훈자였다. 내가 무엇을 보고 있는지 끊임없이 물어야 했다. 답이 찾아지지 않는 절대적 아름다움이 그곳에 있었다. 준비된 대자연의 팀플레이에 눈물을 떨궈야 했다. 코카서스의 마지막, 카즈베기다. 카즈베기는 나를 울릴 수 있을까? 메스티아에서 이미 볼 건 다 봤는데도?

메스티아보다 대단한 풍경이 존재할 리 없어. 창밖의 풍경은 아니라고 한다. 한여름의 카즈베기다. 러시아와 국경을 맞대고 있는 최북단. 페인트칠을 한 게 아닐까 싶을 정도의 초록이 균일하다. 나는 안다. 버스로 볼 수 있는 풍경은 일부 중의 일부라는 것을. 그 일부에 심장이 뛴다. 내가 몰두할 곳은 카즈베기다. 다리안, 니콜라 너희가 아니다. 사람이 아니라 자연이 여행의 이유여야 한다. 버스에서 내리면 찢어지겠다. 아름다움과 가까이 있는 것만으로도 모욕감을 느낀다.

– 당신은 인종차별주의자인가요?

너무도 아픈 말이다. 너무도 정확한 댓글이다. 모든 사람이 아름답다. 모든 눈코입이 아름답다. 모든 나이가 아름다우며, 모든 몸뚱이는 거품처럼 꺼지는 현상일 뿐이다. 알지만, 나의 천박함은 이성을 집어삼켰다. 인간은 온전히 풍경에 머문 적이 없다. 생각에 절여져서, 눈앞의 풍경을 외면한다. 내 머릿속은 카즈베기가 아니라, 다리안으로 가득하다. 조지아는 어떻게 생겨 먹은 나라인가? 나를 혐오하기도 벅찬 시간, 창밖의 예고편이 거세게 달려든다. 다리안이 조금씩 작아지는 것도 같다. 이 풍경에 휩쓸리지 않으려면, 뭐라도 꼭 붙들고 있어야 한다. 손잡이를 꼭 잡는다.

도대체 또 뭘 숨겨 놓은 거야?

이젠 조지아란 나라가 두렵기조차 하다.

카즈베기 왕관을 접수하다

　버스에서 내리면 각자가 예약한 숙소로 뿔뿔이 흩어져야 한다. 서로의 연락처는 모른다. 얄팍한 관계는 정리도 깔끔하다. 서운한 감정은 들키지 않을 셈이다. 어머니가 걸레로 쓰려고 했던 팬티를 입고 간 날, 전만기와 몇 놈이 크게 웃었다. 전만기. 그 이름이 생생한 이유는 웃음소리 때문이다. 체육 시간에 옷을 갈아입는 중이었다. 나 때문은 아니겠지. 집에 와서야 너덜너덜 걸레를 입고 있음을 알았다. 앞만 멀쩡하고, 뒤는 활짝 열린 나팔 수준이었다. 중학교 2학년 아이에겐 너무나도 가혹한 팬티였다. 전만기와는 냉전 중이었다. 왜 싸웠는지는 기억나지 않는다. 중요하지도 않다. 누가 먼저 말을 걸까? 나의 승리를 자신했다. 걸레를 서랍에 왜 넣어뒀냐며 어머니께 울부짖었다. 걸레로 쓸 거라는 거짓말을 믿으라고? 이왕 빤 거 한 번이라도 입고 버리자. 어머니 속을 모를 줄 알고? 다음날 두 손 싹싹 빌며, 만기에게 못 본 걸로 해달라며 애원할 참이었다. 이미 엎질러진 물인데도, 한 방울이라도 주워 담고 싶었다. 하지만 빌지 않았고, 한동안 자퇴를 생각했다. 내 힘으로 자퇴가 불가능한 걸 알면서도, 다 포기하고 싶었다. 학교는 공포였고, 집도 어머니도 끔찍했다. 지금의 이 치욕은 50만 명에게 들켰다. 다리안과 니콜라에게서 멀어지면 나의 추함은 옅어진다.

버스에서 내리자마자 손을 흔들겠다. 다리안과 니콜라도 손을 흔들겠지. 가만, 다리안과 니콜라는 이틀만 카즈베기에 머문다. 그렇다면 내일 당장 트레킹을 시작해야 한다. 가짜 관광 안내소가 길가에 있고, 안쪽에 진짜 안내소가 있다. 진짜 안내소에 가야차를 예약할 수 있다. 숙소로 바로 가면 내일 트레킹을 하고 싶어도 못한다. 하루가 통째로 날아가 버린다. 왜 나는 이런 정보까지 알고 있는 걸까? 7월인데도 늦가을 바람이 분다. 안내소고 뭐고, 캐리어에서 재킷부터 꺼낸다. 다리안과 니콜라가 우물쭈물 나를 지켜본다. 이미 한 팀이라는 건가? 고양이 같은 새끼들, 묘하게 고맙다. 안내소까지는 데리고 가줘야겠다.

– 안내소 가는 거 맞지? 나도 너희들과 트레킹을 해도 될까?

벨기에에서 온 세바스찬이다. 버스에서 내 옆자리에 앉았던 친구다. 배낭에 꽁꽁 싸매진 스케이트보드 때문에 호감 가던 녀석이다. 술과 마약을 박카스처럼 즐길 것 같이 생겨서는 쭈뼛쭈뼛 수줍어한다.

- 나도, 나도

독일에서 온 제이콥은 열 살 아이의 얼굴을 하고 있다. 키만 185cm로 늘린 무해한 꼬마처럼 생겼다. 놀랍게도 목수였다. 갑자기 이 두 놈은 뭐지?

- 너랑 같이 가면 재미있을 것 같아.

세바스찬이다. 네가 나에 대해서 뭘 안다고?

- 웃겨 죽는 줄 알았어. 오오오. 와아아.
- 맞아. 오오오. 와아아

너도 봤어? 너도? 나만 빼고 웃는다. 버스에서 창밖 풍경을 보며 나도 모르게 감탄사가 튀어나왔나 보다. 모자란 것들은 웃음도 헤프다. 걸레 팬티로 엉덩이를 온 교실에 까발려졌던 미운 오리 새끼가 백조가 됐다. 구질구질 중늙은이가 아니라, 재치 가득한 귀염둥이였다는 걸 나만 몰랐다. 사람 잘못 봤다, 바보들아. 너희들이 생각한 것보다 훨씬 더 재밌는 사람이란다. 당장 찢어지고 싶지만, 고독하고 싶지만, 질척대는 녀석들이 가엾다. 카즈베기의 왕은 다라인도 아니고, 니콜라도 아니었다.

민우곽님이 카즈베기의 왕관을 접수하셨다.

나의 게르게티는 이럴 수 없다

조지아에 오는 사람은 모두
단 한 장의 사진이 이유가 된다.

게르게티 츠민다 사메바 교회
운무가 모든 걸 가렸다.

사원 뒤로 웅장하게 펼쳐진 산들을 모두 먹어 버렸다.
이따위 풍경을 보기 위해 짐을 싼 게 아니었다.

안 왔으면 될 일이다.

아무런 기대 없이 살았으면 될 일이다.
영원히 설렐 수는 없다. 내 여행도 언젠가는 멈춘다.

나를 흔들었던 모든 사춘기에 감사하듯
나를 홀렸던 모든 시작을 사랑한다.

푸딩같은 안개가 세상 절반을 먹어 버렸다.

메리 크리스마스, 카즈베기

　승합차로 한 시간을 달리면, 주타(Jutta) 산 입구에서 내려
준다. 카즈베기에서 가장 유명한 트레킹 코스라니까 왔다. 20분
을 걷고, 나는 이 트레킹에 이의를 제기한다. 아름다움은 개고생
과 비례해야 한다. 걸은 지 20분 만에 인생 풍경이 찾아온다. 전
날 숙소에 짐을 풀고, 우린 게르게티 수도원을 함께 올랐다. 안개
에 절여진 게르게티 츠민다 사메바 교회를 봤다. 날씨 요정이 우
리를 배신했다. 주타는 반대다. 가장 젊은 태양과 물기 없는 바람
이 준비됐다. 덕분에 20분 만에 기적과 마주한다. 오직 녹색만으
로 빽빽한 산과 들이다. 그래서 단조롭냐고? 태양이 각도를 튼다.
녹색은 미역색으로, 샤인머스켓색으로, 상추색으로 변신한다. 세
상 모든 녹색을 녹여서, 여기 찔끔, 저기 찔끔 절묘하게 뿌려 놨
다. 이해할 수 없는 지구과학적 현상에 우린 서로를 보며 어이없
어 한다. 지금 이게 도대체 뭐야? 본 적 없는 세상이라, 준비된 리
액션도 없다.

　메스티아가 카즈베기보다 더 아름답다. 삶과 죽음의 경계를
가르는, 천국 1미터 전의 풍경이었다. 카즈베기가 메스티아보다

더 아름답다. 원시의 봄이다. 태고의 쑥덤불이다. 지구의 봄이 여기에서 시작됐다. 모든 푸르름은 카즈베기에서 배급된다. 둘 다 '더' 아름답다. 더 아름답고, 더 눈부시다.

– 나는 여기까지만 걸을게. 여기서 기다릴 테니까 갔다 와.
– 나도 민우랑 남을래.

나 다음으로 늙은 세바스찬이 털썩 주저앉는다. 나도 너희들만큼 젊다. 그걸 과시하려고, 허벅지 근육통을 무시했다. 정말 죽을 것 같아서, 항복을 선언했다. 두 시간을 이십 대처럼 걸었으니 할 만큼 했다. 조금만 더 가면 끝이 보일 것 같지만, 그 끝 안 봐도 된다. 나와 세바스찬은 가득한 푸름에 누웠다. 방심하면 우리도 이 푸름에 녹아 사라질 것이다.

– 크리스마스에 뭐 할 거야?
– 아빠한테 가 봐야 해. 정신병원에 계셔. 벌써 5년이나 됐네. 한 번도 나를 혼낸 적이 없어. 그게 지금은 좀 슬퍼. 자꾸만 내게 돈을 줬어. 나가서 놀라고. 혼자서 술을 마시고 싶었던 거야. 아들이 불편했던 거지. 술만 마시는 착한 아빠였어. 이젠 뇌가 다 고장나서, 둘째 조카는 아예 기억을 못 해. 첫째 조카만 손주인 거지.

아빠한테 가야 해. 엄마는 룩셈부르크에서 새아버지랑 잘 사니까. 민우야. 벨기에에 와. 겐트라는 끝내주는 도시에 내가 살아. 나 잘 나가는 바텐더야. 너만 오면 그날은 밤새 마실 거야.

나 대신 구름이 움직인다. 한여름 카즈베기에서 크리스마스를 묻는 내가, 아무렇지도 않게 알코올 중독자 아버지 이야기를 꺼내는 세바스찬이 이상하다. 세바스찬의 아버지는 크리스마스에 찾아오는 아들이 있다. 나쁘지 않은 삶이다. 발단, 전개, 위기, 절정, 결말. 지금은 절정인가? 결말인가? 이런 결말은 안 된다. 젊은 놈들보다 못한 게 뭐야? 악을 쓰며 걷다가, 벼락처럼 마주하는 풍경에 게거품을 물어야 한다. 그냥 쉬고 싶다. 나에게 친절하고 싶다. 이 또한 카즈베기의 힘이다. 모든 푸르름의 고향이 카즈베기이듯, 용서와 이해도 이곳에서 시작됐으리라. 세바스찬의 아버지는 내일부턴 술 끊겠다. 늘 마지막을 다짐하고, 새로 태어날 자신을 기대했을 것이다. 그런 날은 오지 않았고, 지금은 정신 병동에서 졸고 있겠지. 두 시간을 함께 걸었을 뿐이다. 딱히 슬픈 사연도 아닌데, 눈물이 흐른다.

– 메리 크리스마스.

눈부신 초록에, 우리는 이미 크리스마스다.

– 메리 크리스마스.

세바스찬의 뻔한 답이 듣기 좋다.

상상으로라도 이런 밤을 기대한 적 없다

나는 밥알이 들어간 토마토 수프 카르초(Kharcho)를 주문했다. 창문이 들썩거린다. 8월의 바람인데 여름의 알갱이가 없다. 카즈베기에서 1등으로 장사가 잘되는 코지 코너(Cozy corner) 식당 주인은 근 10년 중 가장 추운 여름이라고 했다. 오렌지색 조명이 따뜻하다. 화요일인데도 빈자리가 없다. 내일이면 뿔뿔이 찢어진다. 나만 카즈베기에 남는다. 다시 만날 일은 없다. 나는 안다. 여행의 인연은 평생 단 한 번뿐이란 걸. 또 만나면 되지. 뭘 모르는 것들은 그래서 해맑다. 주타 트레킹을 끝내고 우리는 너른 잔디에 함께 누웠었다. 우리를 데려다줄 승합차를 기다리다 잠이 들었다. 푸른 카즈베기가 망막으로 스며서, 꿈의 세계도 온통 푸르렀다.

– 합석해도 돼? 네가 말하는 걸 제대로 듣고 싶어.

데보라와 제니는 독일에서 왔다. 콕 집어서 '박민우 때문에' 힘들다고 했다. 들릴락 말락 내 수다에 속이 터져서, 용기를 냈다는 것이다. 하루 더 살아 있기를 잘했다. 어제 죽었더라면, 데보라와 제니의 고백을 들을 수 없었다. 각각 오백만 원씩 주고 싶다. 세상에서 가장 빛나는 입담을 알아보다니. 천만 원짜리 이야기를 현금 대신 해 줄게.

– 90년대에 한국 군대에는 재래식 화장실이란 게 있었어. 똥으로 가득한 탱크를 제때 비우지 못해서 넘칠 때가 있어. 겨울에 얼면 뽀족한 똥 탑이 돼. 실수로 주저앉아 봐. 군인은 전쟁터에서 죽어야지, 똥꼬 찔려서 죽어서야 되겠어? 그날은 내가 '똥 얼음 깨기' 당번이었어. 뜨거운 물을 일단 부어. 김이 모락모락 피어올라. 그때 사정없이 도끼로 찍어야 해. 얼마나 단단한지 모를 거야. 열 번, 스무 번 내려찍었지. 힘이 들겠니? 안 들겠니? 입이 벌어지겠어? 안 벌어지겠어? 벌어진 입으로 똥 얼음이 쏙 들어가겠니? 안 들어가겠니? 맛? 안 궁금하겠지만, 짜. 똥 맛은 짜단다. 미각은 차가울수록 더 강렬해져. 얼음똥은 그러니까 졸라 짜단다.

– 우리 다른 이야기 하면 안 돼?

데보라가 토하고 싶은지 제니와 일어선다. 천만 원 이야기는 대실패.

- 섹스에 환장한 애들 같아.

니콜라가 일부러 목소리를 낮췄다. 니콜라, 내가 혹시 그녀들에게 매력적으로 보였다면, 나야 영광이지. 게이는 여자에게 관심 없지 않냐고? 관심받는 건 좋아. 여자든, 남자든.

- 이 술은 여기 이 손님 거!

차차 한 잔이 내 앞에 탁. 이 독한 걸 왜?

- 네가 여기서 가장 행복해 보이니까.

나는 즉시 그 잔을 들이켰다. 세바스찬이, 다리안이 우리는 왜 안 주냐고 따졌다. 주인은 들은 척도 안 했다. 넌 또 누구야? 모르는 얼굴들이 우리 테이블로 와서 건배를 하고, 자기소개를 한다. 나와 눈만 마주쳐도 이것들이 자꾸만 수줍어한다. 화장실이 어디냐고 물었을 뿐인데 사장은 주방으로 데리고 가서 또 술을 준다. 쉿, 비밀이야. 내가 잔을 비우자마자, 박수 소리가 들린다. 삼형제가 운영하는 술집인데, 나머지 둘도 내가 공짜 술을 마시는 모습이 무척이나 귀여운 모양이었다. 응? 이젠 마이크가 내 손에 있다. 오줌을 눴던가? 조명이 바뀌더니 강남 스타일이 흘러나온다. 이 식당은 노래방이기도 하다. '오빠 강남 스타일'만 따라 부르고, 나머지는 음음음. 아는 가사도 없고, 아는 가사라고 해도 기억이 안 난다. 근 십 년 이렇게 취해본 적이 없다. 통제할 수 있는 관절이 단 한 개도 없다. 니콜라와 다리안이 양쪽에서 어깨동무를 한다. 황홀함도 지나치면 고통이구나. 고통이 숨이 되어 콧구멍으로, 입으로 흘러내린다. 지독한 행복감 뒤엔 나락만이 기다린다. 아무래도 내일 죽을 모양이다. 지구에 미련이 없어졌다. 상상으로라도 이런 밤은 욕심내지 않았다. 이토록 두려운 행복이라니. 인생의 낙오자가 코카서스에 왔다. 이런 밤이라면, 또 지겠다. 자본주의의 패배자가 되어 카즈베기로 오겠다. 모든 희망이 박탈되어야, 이 마이크를 쥘 수 있음을 안다. 강남 스타일을 한 번 더 부르겠다. 어서 번호를 누르라고오오오! 고래고래 소리 질렀다.

박수 소리가 더 커졌다.

저승사자님 저는 길을 잃었습니다

어디지? 왜 혼자지? 어디로 가는 거지? 이 걸음은 아무런 목표가 없다. 여기는 조지아다. 여기는 카즈베기다. 숙소 이름은? 거기까진 모르겠다. 알아도 의미 없다. 물어볼 사람도 없다. 나는 죽었나? 유령인가? 이렇게 걷는다고 숙소가 나와? 안 걸으면? 그냥 서 있어? 저 집 문 앞에 쭈그려 앉아라도 있을까? 오오, 좋은 생각이군. 조심조심. 집주인이 내다보는 일이 없도록. 춥다. 너무 춥다. 다리안과 니콜라는 어디로 갔지? 제이콥은 히치 하이킹으로 어디까지 간다고 했더라? 일찍 숙소로 간 건 기억난다. 세바스찬은? 세바스찬은 괜찮나? 그놈과 내가 가장 많이 퍼마셨다. 작별 인사를 했던가? '강남 스타일'을 부른 기억은 있다. 안녕이라고 말한 기억은 없다. 스무 살의 밤이었다. 내 살점을 뜯어서 바치고 싶은 밤이었다. 다음 날 할아버지가 되는 형벌이 기다린다고 해도, 나는 이 밤을 택했을 것이다. 미화된 과거의 그 어떤 하루도 이길 수 없는 밤이었다.

– 나는 길을 잃었습니다.

저승사자들이 동그랗게 불을 쬐고 있었다. 나를 무표정하게 본다. 저승사자 중 한 명이 내 손을 잡았다. 손이 따뜻하다. 그는 나를 노란색 무덤으로 안내한다. 지퍼가 열리는 무덤이었다. 본능적으로 신발을 벗었는데, 술에 완전히 무너지지는 않은 것 같아 몹시 자랑스러웠다. 저승사자가 무덤으로 들어가는 나를 확인하고 사라졌다. 무덤 안은 축축했고, 바닥은 우둘우둘 불편했다. 육신은 죽어서까지도 거추장스러운 건가? 관 궤짝도 없이 몸만 파묻으면 어쩌자는 거야? 보람 상조에 가입을 했어야지. 대비하지 않는 죽음은 종이 상자조차 없구나. 가만, 저승사자가 무덤으로 밀어 넣는 게 본업이 아닐 텐데? 저승으로 데려다 줘야 하는 거 아냐? 비다. 비가 쏟아진다. 왼쪽으로 뒤척, 오른쪽으로 뒤척. 어차피 습한데, 비라도 시원하게 퍼부으렴. 아, X발. 내 신발. 벌떡 일어난 시체는 무덤의 지퍼를 열었다. 늦었다. 한 켤레뿐인 운동화가 물걸레가 됐다. 침낭, 침낭이? 파란색 코오롱 침낭을 찾아서 몸을 욱여넣는다. 시체는 다시 벌떡 일어선다. 이 무덤은 어쩐지 텐트를 닮았다. 지퍼가 2중으로 된 걸 보니, 무덤이라기엔 지나치게 편리하다. 길을 잃었습니다. 기어가겠습니다. 한국말로 그렇게 지껄이고 엉금엉금 저승사자 주위를 돌았다. 이곳이 텐트여서는 안 된다. 나는 조금이라도 싼 곳에서 자려고, 침대방 놔두고, 마당의 텐트를 택했다. 도미토리 침대는 만 원, 텐트는 6천 원이었다.

내가 숙소를 찾아냈던 거야? 저승사자가 아니라 숙소 여행자들을 엉금엉금 돌았던 거고? 아아, 개망신. 사람들을 이제 어찌 보나?

그 와중에도 신발을 들여놓지 않은 게 가장 후회됐다.

지독한 후유증, 우린 망했다

– 괜찮아?
– 괜찮아?

누가 함부로 내 걱정하래? 술주정하는 사람 처음 봤니? 위대한 작가가 주접떠는, 귀하디 귀한 공연을 봤으면 돈을 내라고. 구경났어? 그래 내가 어제 그놈 맞아. 유령처럼 걸어와서, 상어처럼 뱅뱅 돌다가, 요양원 노인처럼 부축받아서 무덤, 아니 텐트로 기어서 들어간 그놈 맞다고오오. 1인당 두 번씩만 봐. 세 번 본 것들은 이름 적는다. 농담 같냐? 이 잡것들아!

– 민우, 나 조금 있으면 떠나. 아침 같이 먹을래?

에휴, 세바스찬 이놈은 아직도 카즈베기구나. 정신 빠진 놈아, 늦잠 잤냐? 차를 놓친 거야? 트빌리시로 간다면서? 서둘러 떠날 일이지, 어디서 문자질이야? 아침밥? 아침밥이 넘어가니? 신물 넘어오면 그거나 다시 처먹어. 정신 차려라, 이놈아! 그런 밤은 다시는 없어. 앞으로 어떻게 살려고 그래? 질척대는 것들이 지는 거야. 니콜라, 다리안, 제이콥이 지금 눈 하나 깜짝할 것 같아? 젊고, 예쁜 것들이 그리움 따위를 알까? 약한 티 좀 내지 마. 우린 걸려들었어. 우리만 덫에서 못 빠져나오고 있는 거라고.

내내 흐리다가, 트레킹을 하는 동안만 날씨가 갰지. 갈비뼈 아래쪽이 간질거리지 않았어? 바람에 덜컹거리는 식당 창문은 또 어떻고? 한겨울 벽난로 같은 8월이 말이 돼? 크리스마스 캐럴을 떼창해도 이상할 게 없는 밤이었어. 핀란드의 오로라를 닮은 고요하고, 거룩한 밤이었지. 아, 고요하지는 않았구나. 우린 어젯밤 때문에, 모든 걸 잃었어. 뻔하고, 지루한 밤들을 이제 어쩌면 좋냐? 어찌 견디지? 우리의 밤이 거짓이 아니란 걸 확인하려고, 세바스찬 너는 나를 찾는 거야. 그런 밤은 이제 없어, 빙신아. 마법이 풀린 신데렐라가 호박을 만지작거린다고, 그게 마차가 되겠냐고?

세바스찬, 너는 얼마나 멍청한 거야? 어떻게 여길 또 오자고 해? 나 들어올 때 오오오 하는 거 봤어? 삼형제나 너나 생각이 없는 건지, 뇌가 없는 건지. 재밌어? 내가 누구 때문에 이렇게 됐는데? 술 마실 거냐니? 이 삼형제 악당들아, 어디서 또 술타령이야? 내가 너희들 때문에 숙소에서 얼굴을 들 수가 없게 됐다. 개

망나니 술주정뱅이가 됐다고. 흥분하니까 또 오바이트가 나오려고 하네. 당장 내 눈앞에서 꺼져. 세바스찬 너도 밥 다 먹었으면, 얼른 일어나. 다시 보기는 뭘 봐? 우린 못 봐. 나는 벨기에에 가지 않을 거고, 너도 한국에 오지 않아. 약해빠진 약속 따위는 집어넣으라고. 우린 먹고 살 일에 치여서, 서서히 잊히게 돼. 내가 여행 한두 번 하니? 사람 한두 번 만나? 추억은 실체가 없어. 떠올리면 고통스럽기만 하지. 보잘것없는 하루들이 기다릴 테니 너도 마음 단단히 먹어. 그리워하지 않는 자가 이기는 거야. 죽지 않는다면, 한 번쯤은 만날 수 있을지도 몰라. 간절히 바라야 가능한 기적이지. 죽지 않고, 살아 있어 봐. 살아 있는 것도 큰 노력과 운이 따라줘야 가능한 거더라. 공짜는 없어. 우린 망한 거라고. 그런 밤을 갚기 위해, 얼마나 많은 평범한 지옥이 우릴 괴롭힐까? 어디서 시원하게 오바이트 좀 하게 빨리 좀 꺼지라고오오.

다리안, 니콜라 트빌리시에서의 재회

며칠 후에 다리안과 니콜라가 다시 나를 찾았다. 원래 가려던 곳을 포기하고, 내가 있는 트빌리시로 왔다. 짧은 여행 일정에서 왔던 곳을 또 오는 일은 없다. 둘은 박민우가 보고 싶어서 왔다 착각하지만, 내 간절함이 너희를 오게 했다.

– 나 게이야.

예상대로 내 고백에 아무런 동요도 없다. 자기 친구 중에도 게이가 둘이라며 웃었다. 이렇게 아무것도 아닌데, 게이들은 들키면 하늘이 무너지는 줄 안다. 죽을 생각부터 한다. 독일에서 태어났다면, 일찌감치 나를 받아들였을까? 타인의 성적 취향 관심 없다. 동성애? 싫지도 않고, 좋지도 않다. 내가 커밍아웃을 하면, 한국 친구들 반응은 대체로 이랬다. 그런데 왜 게이들은 숨지 못해 안달일까?

– 나한테만 안 오면 돼.

그 말이 참 아프다. 나에게 집적대는 순간, 으으 소름, 으으, 토나와. 잠재적 소름, 잠재적 구역질에게 다들 이해한다고 한다. 존중한다고 한다. 다리안과 니콜라에 대한 불편함도 조금씩 옅어진다. 그들의 외모가 처음처럼 당혹스럽지 않다. 완벽한 외모? 그런

건 없다. 시간은 흐르고, 조금씩 쭈글쭈글해진다. 그 과정을 통째로 보지 못하니, 집착한다. 신성시한다. 다리안에 대한 설렘도 어쩌겠나? 느끼라고 있는 감정인데. 표현하지 않았으니 됐다. 트빌리시에서 이틀을 꼭꼭 붙어 다녔다. 떠날 때를 아는 자들의 애틋함이고, 결속력이었다. 내 덕에 다리안과 니콜라는 트빌리시에서 가장 좋은 곳만 보고 갔다. 나의 트빌리시는 우리의 트빌리시가 됐고, 나에게도 이젠 이 도시가 아름답다. 누구와 있는가? 같은 공간이 180도 달라짐을 알았다.

조지아에서만 두 번을 봤다. 운을 다 썼다. 그러니 우린 다시 볼 일 없다. 너희들도 각자 다른 인연과 결혼하게 되겠지. 스무 살 애인과 결혼하는 사람이 몇이나 되겠어? 고맙다. 가장 아름다울 때 나에게 와 줘서. 최고의 청춘영화였다. 기억 속에서 자주 들춰보마. 행복하자. 독일에서, 한국에서. 너희에게 나도 괜찮은 단편영화였기를 바란다.

라스트 송 트빌리시

트빌리시에 싱어(Singer)라는 재즈 바가 있어. 평소에 재즈에 관심도 없으면서 여행만 오면 그렇게 재즈바를 찾아다니지. 공연이 한 시간 후라는 거야. 한 시간이 너무 안 가서, 맥주만 마시고 나와. 골목골목을 걸어. 8월인데도 하나도 안 끈적여. 조지아에서 가져가고 싶은 건 와인이 아니라 이 바람이야. 낮 동안 달궈놓고는, 한꺼번에 식혀 주지. 술고래 부장님이 한턱 쏘듯, 통 크게 불어와. 트빌리시는 게다가 안전해. 예전엔 막장이었다는데, 대통령이 경찰을 싹 갈아치웠다나 봐. 트빌리시는 볼수록 예쁜 도시야. 공동묘지 같다는 말을 취소는 안 할게. 주택가는 공동묘지가 맞으니까. 아차. 재즈. 달려갔는데 이미 시작인 거야. 가수랑 밴드랑 아주 신이 났어. 젠장 빈자리가 없더라고. 재즈바 건너편에 축대가 있어. 사람들이 쪼르르 올라가서는 공짜 재즈를 듣고 있더라. 염치가 없어도 저리 없을 수가. 최소한 어깨는 들썩이지 말아야지. 내가 축대에 앉는다고 똑같은 사람이라 욕하면 안 돼. 나는 맥주 한 잔을 사 마신 사람이니까. 재즈는 여전히 잘 모르겠어. 즉흥 연주를 무슨 수로 이해하겠어? 재즈는 이해하는 게 아니라, 느끼면 되는 거야. 이 나이 먹으니 알겠더라고. 오늘 연주하는 사람 마음이 저렇구나. 내 기분이 이렇구나. 그러면서 듣는 거지. 그러고 보니 트빌리시는 내게 재즈였나 봐. 느끼면 되는 거였어. 어떻게든 이해하려고 해서 탈이 났던 거지. 돈 안 낸 우리에게까지 이렇게 잘 들려도 되는 거야? 아, 술 당기네. 아무래도 맥주 한 잔 더 사 와야겠다. 내 자리는 건드리지 말자. 인간적으로!

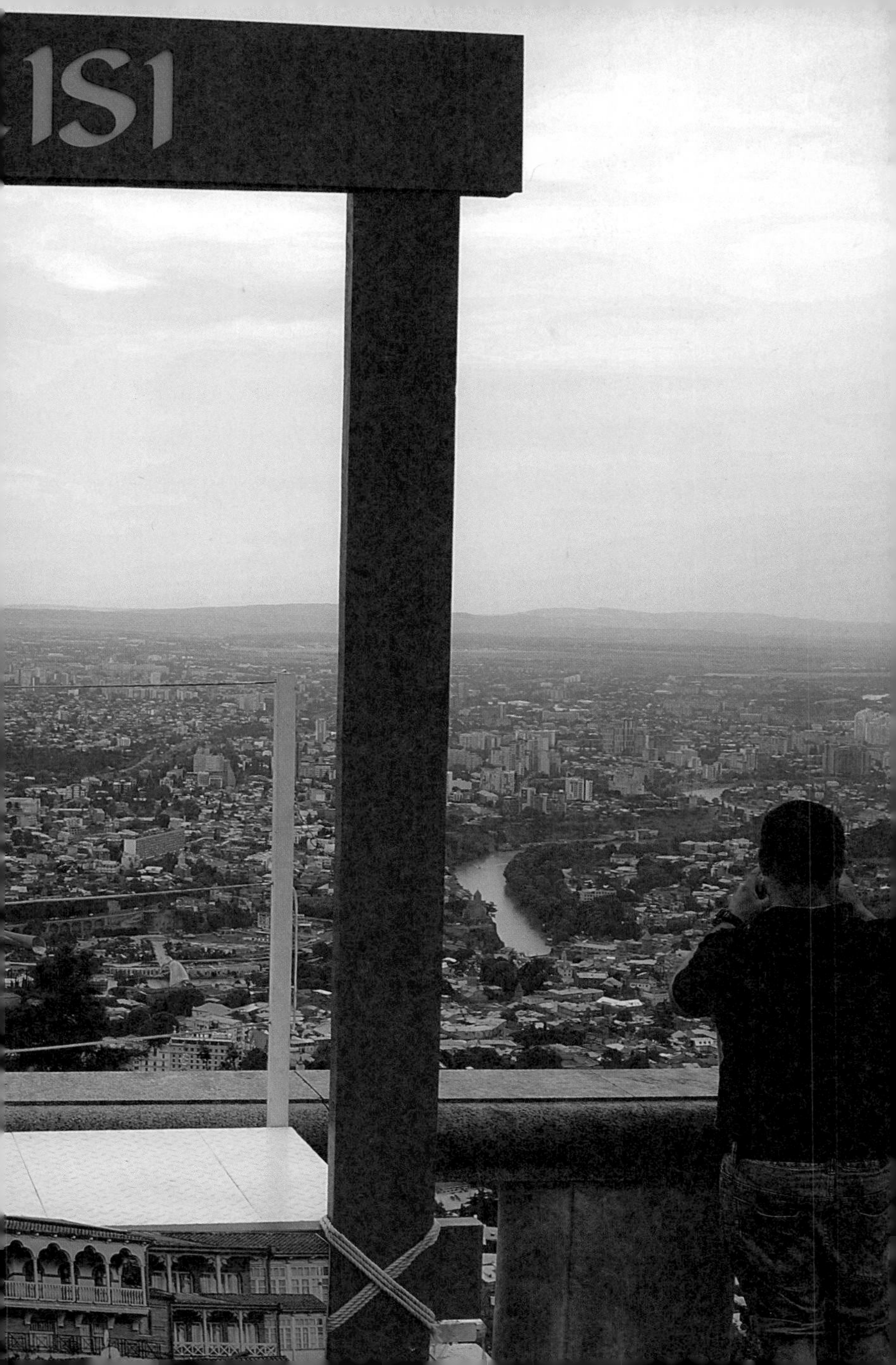

에필로그

〈가지 마, 제발! 코카서스〉, 책 제목이 좀 거칠죠? 도대체 뭐 때문에 가지 말라는 거야? 궁금하게 해서 책 팔아야죠. 제 이름 으로 출판사까지 차렸는데, 망하게 놔둘 순 없지 않겠어요? 제목 으로 사기 친 거냐고요? 그건 아니에요. 조지아에서만 거의 두 달 을 있었어요. 일주일만 머물렀다면 최악의 나라였을걸요? 친절 한 조지아 보겠다고 두 달 여행하실래요? 그러실 수 없으면, 가지 마세요. 불친절한 나라에서 마음고생 마시라고요.

트빌리시 도미토리에서 만난 러시아 여자는, 러시아도 상냥한 나라는 아닌데, 조지아는 레벨이 다르다며 치를 떨더군요. 러시아 와 조지아가 전쟁 불사를 외치며 서로 으르렁대던 때라, 그게 이 유였을까요? 조지아 사람 무례하다며 아르메니아 사람들이 험담 을 또 그렇게 하더군요.

조지아가 친절하다는 소문만 안 들었어도, 이렇게 이를 갈진 않았을 거예요. 파리 날리는 나이가 됐어요. 아무도 저를 거들떠 보지 않아요. 저보다 예쁘고, 잘생긴 분들은 훨씬 친절한 조지아를 만나실 거예요. 걱정 붙들어 매고 가셔요. 피해의식요? 피해를 입었는데, 피해의식을 느끼는 제가 이상한 놈인가요?

트빌리시가 흉측하다고 했나요? 평화의 다리 주변은 예뻐요. 트빌리시는 온천도 유명하답니다. 달걀 썩는 냄새가 싫으면 가지 마셔요. 저는 그래서 더 좋았어요. 몸에 좋은 건 원래 고약한 뭔가가 좀 있어야죠. 저를 열받게 하기는 했지만, 트빌리시가 그립긴 해요. 이런 추잡한 고백을 할 날이 올 줄이야. 나리칼라 요새로 가는 케이블카는 꼭 타셔요. 이왕이면 해 질 녘에요. 종착역에 내리면 넋 놓고 있지 마시고, 아래로 내려가는 계단을 찾으세요. 계단을 사부작사부작 밟고 내려가면, 근사한 펍이 나와요. 거기서 석양을 보게 된다면, 생의 전성기가 다시 찾아온답니다. 시간이 멈추고, 흐르면서 땅거미가 지는 순간을 마주해 보세요. 파브리카 호스텔 조식도 꼭 드시고요. 다리안도, 니콜라도 파브리카 호스텔이 그립대요. 특별하긴 한가 봐요.

이 후기를 쓰는 지금 저는 한국이에요. 아버지가 치매 판정을 받으시면서, 여행자로서의 저의 삶은 막을 내렸어요. 여행작가를 하네, 마네, 꼴값을 떨었던가요? 떠나고 싶으면 언제든 떠날 수 있을 줄 알았어요. 주제 파악을 못 했던 거죠. 가고 싶어도 갈 수 없는 처지가 됐어요. 요즘 저의 취미는 그리워하기예요. 카즈베기의 밤은, 평생의 단 하루였어요. 나이는 먹고, 벌어놓은 돈은 없고, 후배들은 유튜버다 인플루언서다 치고 올라오는데, 늙다리 패배자는 무능하고, 불안하기만 했어요. 하지만 카즈베기의 단 하루로 보상받았답니다. 이 책을 읽고, 카즈베기 코지코너 가지 마셔요. 그 밤은 제 거니까요. 창틀이 들썩이는 8월의 밤을, 여러분과 나누고 싶은 마음 눈곱만큼도 없어요. 그러니까 8월의 카즈베기에서 제가 느꼈던 환희를, 전율을 탐내지 말아 주셔요.

이제 술도 끊고, 운동도 시작해 보려고요. 건강을 위해서는 아니고요. 일부러라도 고통을 좀 느껴보려고요. 순례자처럼요. 나를 괴롭혀야, 카즈베기의 밤이 한 번 정도는 더 나를 찾아와 줄 것만 같아요. 죽을 것처럼 나를 괴롭히면, 죽어서야 맛볼 수 있는 시간이 찾아온다. 이런 공식을 믿고, 마라톤 완주라도 해 보려고요. 그래야만 조지아에 다시 갈 수 있다 믿으면서요. 그 순간을 딱 한 번만 더 욕심낼게요. 당신들은 가지 마셔요. 절정의 밤을 보낸다고 마냥 좋은 거 아니에요. 그 후유증을 어찌 감당하시려고요? 맹물처럼 밋밋해진 하루들을 어찌 견디시려고요?

2024년 가을, 경기도 광주 투썸플레이스에서

Letter from Friend

살바

　조지아가 불친절한 나라라니? 그럼 나는 뭔데? 내 나라, 조지아를 방문하는 손님들은 모두 소중해. 그때 메스티아에서 내가 왜 차를 세웠겠어? 산길에서 힘들어하는 너를 도와주고 싶었던 나도 조지아 사람이라고. 첫째 날 코룰디 호수를 보고, 둘째 날 우리 우쉬굴리도 같이 갔었잖아. 유럽에서 가장 높은 마을 우쉬굴리에서 봤던 그 하늘을 기억해? 그때 마셨던 복숭아 차차는 최고였어. 많은 사람들이 조지아의 아름다움을 알아주기를 바라. 참, 네가 준 드론 카메라, 우리 아들이 얼마나 재밌게 갖고 노는지 몰라. 메스티아를 볼 때마다, 조지아에서 태어났다는 사실이 자랑스러워. 그런 아름다운 곳을 너와 함께 여행해서 더욱 값진 기억이 됐어.

니콜라

카즈베기의 밤은 마법이었어. 모든 것이 완벽하게 맞아떨어지는 순간 중 하나였지. 우리 모두가 아무 걱정 없이 목청껏 노래를 부르던 모습이 아직도 생생해. 민우 너와 트빌리시에서 함께 보낸 시간도 정말 좋았어. 민우, 너는 내가 만난 사람 중에서 가장 웃기고, 열려있는 사람이야. 우리가 함께한 순간을 생각할 때마다 미소가 지어져. 너에게만큼은 모든 걸 말할 수 있어. 여행 중에 만난 사람에게서 그런 감정을 느끼게 될 줄은 나도 몰랐어. 지금은 스위스에서 산부인과 전문의로 일하고 있어. 다리안과 헤어지고, 지금의 남자 친구를 만났어. 스위스 사람이야. 네 말대로 인생은 늘 새로운 챕터가 기다리나 봐. 다리안과는 지금도 좋은 친구로 잘 지내고 있어. 그나저나 스위스엔 언제 올 건데?

다리안

답장이 늦어져서 미안해! 너처럼 표정이 다양한 사람은 처음 봤어. 웃겨 죽는 줄 알았다니까. 네가 매 순간 보여주는 열정도 감동적이었어. 너는 여행작가잖아. 우리보다 훨씬 더 많은 곳을 가고, 봤을 텐데도, 지나칠 수 있는 순간조차 감격하는 모습이 존경스러웠어. 카즈베기는 내 여행 인생 최고의 순간이라고 자부해. 너의 유머 감각을 알아듣는 내 능력도 인정해 줘. 독일 사람 재미없다니? 나를 보라고. 내가 어딜 봐서 지루한 사람이야? 네가 나를 웃겼지만, 나도 가끔은 웃기지 않았어? 지금 나는 쾰른 근교에서 안과 의사로 일해. 우리와 그때 그곳에 함께 있어 줘서 정말 고마워.

세바스찬

민우 너의 유머 감각은 독보적이야. 네가 없었다면 우리가 그렇게 쉽게 친해질 수 있었을까? 너는 우리 그룹의 진정한 리더였어. 가끔 우리의 여행을 생각하곤 해. 카즈베기는 내 인생 최고의 여행이었어. 민우, 네가 강남 스타일을 부를 때, 얼마나 웃겼는 줄 알아? 하지만 넌 웃기기만 한 사람은 아니었어. 사람들의 말을 잘 들어주는 멋진 친구였지. 아버지의 뇌는 이젠 죽었다고 봐도 돼. 기억하지도, 인지하지도 못해서. 아버지 안부를 물어봐 줘서 정말 고마워. 그때 우리가 했던 이야기들을 아직도 기억하고 있다니, 넌 정말 따뜻한 친구야. 새 여자 친구와 한 달 전부터 함께 살기 시작했어. 민우, 네가 게이라고? 고마워. 네가 어떤 사람인지 알려 줘서. 진짜 친구로 합격한 거라고 이해해도 돼? 너는 꼭 벨기에에 와야 해. 또 밤새 퍼마셔야지. 카즈베기의 그 밤처럼.

민우 형에게

친구놈 가구 공장에서 일하다가, 최근에 그만뒀어. 지금은 웃음만 나는데, 그때는 꼴도 보기 싫더라. 그 친구놈은 돈밖에 모르는 새끼였다고. 지금? 지금은 친척 가지 농장에서 일해. 우리 동네 가지가 일본에서도 아주 유명하거든. 너도 꼭 그 가지 맛을 봐야 하는데 말이야. 새벽 두 시에 일어나서, 열 시까지 일해. 하루도 못 쉬어. 가지는 주말에도 물이 필요하거든. 몸이 고되긴 한데, 마음은 편해. 농사도 아주 재밌어. 나에게 잘 맞는 것 같아.

우리 얼마 만에 통화하는 거지? 형 죽고 나서니까, 8년 만인가? 난 괜찮아. 정말이야. 형 장례식장에서도 난 막 웃었어. 마흔도 안 됐는데, 젊은 남자가 심장마비로 죽는 게 너는 안 웃겨. 나도 죽고, 민우 너도 죽어. 민우, 너 죽으면 나 울어야 해? 만약 내가 네 장례식장에 간다면 누구보다 크게 웃어 줄게. 너의 한국 친구들에게 맞아 죽으려나? 혹시 내가 먼저 죽는다면, 와서 실컷 웃다가 가. 어머니는 당연히 펑펑 우셨지. 아들이 먼저 죽은 충격이 얼마나 컸겠어? 아버지? 아버지는 사이코패스야. 엄마 우는데, 옆에서 피아노를 쳤다니까. 아무리 피아노가 취미라도 그렇지. 자식 장례식 끝나자마자 취미 생활을 바로 시작해야겠어? 하아, 우리 아버지를 어쩌면 좋으냐?

게이였어? 난 짐작도 못했어. 네가 게이인 걸 알았어도 같이 다녔겠냐고? 넌 남자를 좋아하고, 난 여자를 좋아하는 것뿐이야. 그게 왜 문제가 되는데? 서양 친구 중에 게이도 몇 명 있어. 일본 친구 중엔 없어. 게이여도 게이라고 인정하겠어? 그냥 아닌 척, 평범한 척하며 살겠지. 일본 사람들은 눈에 띄는 거 안 좋아해. 남의 삶에 큰 관심도 없으니, 들키지 않고 그럭저럭 살아가겠지. 내가 기차에서 한국인 커플을 만난 적이 있어. 너를 알더란 얘기를 했던가? 네가 똥 이야기를 그렇게 많이 쓴다며? 그렇게 유명한 작가가 커밍아웃까지 하고. 쉽지 않았을 텐데, 멋지다. 내 친구.

내가 왜 여전히 영어를 잘하냐고? 너와 남미를, 중국과 중앙아시아를 같이 다녔지. 같이 다닌 시간만 해도 거의 1년은 되지 않나? 나는 지금도 꿈에서 너와 영어로 이야기를 해. 중국 샹그릴라를 가려다 못 갔잖아. 그 샹그릴라에 가 있는 꿈을 자주 꿔. 내가 왜 영어를 잘하는지 알겠지? 나는 아직도 여행 중이야. 꿈속에서 늙지 않은 너와, 늙지 않은 내가 싸우기도 하고, 웃기도 하면서 말이야. 우리 가족사진이야. 내가 어디가 달라졌다는 거야? 조금 살찌고, 늙은 것뿐이야. 이거 산타클로스 수염이라고. 10년을 기른, 나의 보물 1호야. 아무리 늙었어도 민우 너보단 내가 더 잘 생겼거든. 빨리 그렇다고 대답 안 해?

지금은 아이를 키우는 아빠니까 여행은 꿈도 못 꿔. 하지만 내 배낭은 지금도 꽉 차 있지. 언제라도 떠날 수 있도록 말이야. 그게 언제가 됐든, 나는 다시 여행자가 될 거야. 우리 그때 또 같이 떠나야지. 그러니까 지금은 네가 오사카 우리 집으로 와. 오사카에선 호텔을 잡겠다니, 그게 무슨 소리야? 멀쩡한 너의 집 놔두고 감히 어디서 잔다는 거야? 내 집이, 너의 집이야. 형이 죽었어. 이제 나에게 형은 너 하나뿐이라고. 그러니 올해가 가기 전에 한 번들러. 나도, 아내 치카도, 엄마도, 사이코 아빠도 대환영이야. 가장 반가운 손님이라고. 오사카 게이바에서 통역 좀 해달라며? 치카에게 허락도 받았어. 그러니 오사카 물 좋은 게이바에서 밤새 놀아 보자고. 알았지?

그러니, 어서 와. 민우 형!

2024년 8월 31일 오사카에서 카즈마가

Dear Minwoo

君の親友 和馬より

2024年8月31日 大阪

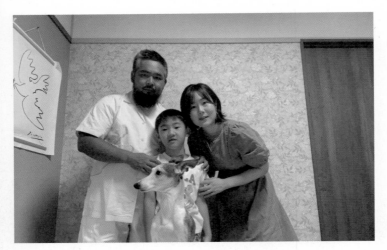

2024년 카즈마 가족

교열 도움 주신 고마우신 분들입니다.

정순자
조보경
양영용
박은정
오준석
배수은

덕분에 좋은 책이 됐습니다.

가지 마, 제발! 코카서스

초판발행	2024년 11월 18일
지은이	박민우
펴낸이	박민우
편집	박민우
디자인	조민경

펴낸곳	도서출판 박민우
출판등록	2023년 11월 23일 등록번호 117-92-01976
주소	경기도 광주시 회안대로 350-25 107동
이메일	modiano99@naver.com

ISBN   979-11-985798-1-2 (03920)